CORRENTI INCROCIATE 4

THE SALERNO PROJECT

CORRENTI
INCROCIATE

4

More poetry from the English-speaking world
translated by students of the Humanities Department
of the University of Salerno

⸺ ❧ ⸺

Altre poesie del mondo anglofono tradotte dagli
studenti del Dipartimento di Studi Umanistici
dell'Università di Salerno

Edited by / a cura di
Linda Barone e John Eliot

MOSAÏQUEPRESS

First published in 2024

MOSAÏQUE PRESS
Registered office:
Bank Gallery, High Street
Kenilworth, Warwickshire
CV8 1LY

Series editor: John Eliot
Additional translation: Linda Barone, Arianna Lombardo

Cover illustration: *The Tea Rooms* (oil on panel)
Copyright © Nia MacKeown 2024

ISBN 978-1-906852-68-9

Translate verse to a new verse
within the same universe.

———————————◆◆———————————

Tradurre un verso verso un nuovo verso
nello stesso universo.

— Tzveta Sofronieva

Contents / Indice

Insights into meaning and expression

The study of literature at undergraduate or even graduate level seldom includes the opportunity to ask the author directly what they meant in a certain text, but that is exactly what lies at the heart of what we call the Salerno Project.

This project, and the poetry and books that have resulted from it, challenges students of literary translation at the University of Salerno to create Italian versions of modern English poetry. To help them, they can speak to the poets themselves in the course of online tutorials.

Thirteen of the student translators for this book shared their thoughts about the experience. Without exception, they described it as rewarding, the best part being the opportunity to talk to the poets. Nothing, it seems, beats the personal touch.

The seed of this project was a translation workshop at the 2018 Salerno Literary Festival run with the support of the Erasmus+ programme which was established by the European Union to promote closer cooperation and transnational learning between universities and higher education institutions across Europe. 'Enriching lives, opening minds' is the Erasmus objective; in this it has been, and continues to be, phenomenally successful.

The impact of the 2018 LitFest workshop on students who took part in it was profound: so engaged were they that they continued working independently for a year with the poet John Eliot, co-editor (with Prof Linda Barone) of this series of books. Their efforts resulted in a bilingual book titled *Canzoni del Venerdi Sera*, and inspired the subsequent Salerno Project and the four volumes to date of *Correnti Incrociate*.

The student translators have come from the University of Salerno's programmes in literary translation at bachelor and masters degree level. Their subject matter is drawn from the work of poets writing

Lo studio della letteratura a livello di studi universitari, sia triennali che magistrali, raramente offre l'opportunità di chiedere direttamente all'autore il significato di un testo. Tuttavia, questo è esattamente il fulcro di ciò che chiamiamo il Progetto Salerno.

Questo progetto, insieme alla poesia e ai libri che ne sono derivati, sfida gli studenti di traduzione letteraria dell'Università di Salerno a creare versioni italiane di poesie inglesi moderne. Per aiutarli in questo compito, viene data loro l'opportunità di dialogare direttamente con i poeti stessi nel corso di lezioni online.

Tredici dei traduttori coinvolti hanno condiviso i loro pensieri sull'esperienza. Senza eccezione, l'hanno descritta come gratificante, sottolineando che l'opportunità di parlare con i poeti è stata l'aspetto migliore. Nulla, a quanto pare, batte il tocco personale.

L'idea alla base di questo progetto è nata durante un laboratorio di traduzione tenutosi al Salerno Letteratura 2018, realizzato con il supporto del programma Erasmus+, istituito dall'Unione Europea per promuovere una cooperazione più stretta tra università e istituti di istruzione superiore in tutta Europa e favorire l'apprendimento transnazionale. "Arricchire vite, aprire menti" è l'obiettivo dell'Erasmus, e in questo ha avuto, e continua ad avere, un successo fenomenale.

Il laboratorio del Salerno Letteratura 2018 ha avuto un profondo impatto sugli studenti partecipanti; erano talmente coinvolti che hanno continuato a lavorare autonomamente per un anno con il poeta John Eliot, co-editore (insieme alla Prof.ssa Linda Barone) di questa serie di libri. I loro sforzi hanno portato alla creazione di un libro bilingue intitolato "Canzoni del Venerdì Sera", che ha ispirato il successivo Progetto Salerno e i quattro volumi, pubblicati finora, di "Correnti Incrociate".

in English, all of whom commit to virtual discussions – pioneered during the pandemic.

It is this part of the project, so unlike other university courses, that the students find the most enriching of the overall experience. Variously described as "a privilege", "a great support" and "invaluable" for understanding the poets' intentions, it is something of a revelation to most. Here is what they said:

Piera Guarente: "This experience of translation has taught me once more that translating does not mean only to transfer words from a language to another, but it is a means to develop a lot of skills like creativity, responsibility and attention to detail. It has shown me that no matter how difficult the job may seem, you will feel indescribably proud after it is finished. And finally it has reminded me that I have never been more sure about who I want to become in my life: a translator."

Elisa D'Ambrosio: "Translating poems and knowing they would be published was an extremely thrilling experience. What I enjoyed the most was trying to get into the authors' shoes and feel what they were feeling when they wrote the poems. It was surprising to find out I could relate so much to some parts of the texts. Also, having the chance to contact the authors and have their explanations was a privilege which greatly simplified the work."

Teresa Ferrara: "Thanks to this literary translation workshop, I had the opportunity to work on the translation of some poems by Yasmin Inkersole and Aaron Kent. Translating these poems allowed me to enter a world of constellations, submarines and phases of the moon; I had the opportunity to get in touch with the poets, I was able to enrich my cultural background as a student and I understood the commitment and responsibility that a translator should have, in order to do his or her job in the best possible way."

Letizia Cioffi: "The translation experience was really interesting even though challenging at times. It was my first time translating English poems, but I must say that with the help, advice, and direct clarification from the poets it was all easier to handle. Also,

Gli studenti traduttori provengono dai corsi, triennali e magistrali, di traduzione letteraria dell'Università di Salerno. Il materiale su cui lavorano è tratto dall'opera di poeti di lingua inglese, tutti disponibili a partecipare a confronti virtuali, una modalità sperimentata durante la pandemia.

È proprio questo aspetto del progetto, così diverso dagli altri corsi universitari, che gli studenti trovano più arricchente. Descritto ripetutamente come «un privilegio», «un grande sostegno», «di valore inestimabile» per comprendere le intenzioni dei poeti, per la maggior parte di loro ha rappresentato una sorta di rivelazione. Ecco cosa hanno detto gli studenti traduttori:

Piera Guarente: "Questa esperienza di traduzione mi ha dimostrato ancora una volta che tradurre non significa solo trasferire parole da una lingua all'altra, ma è anche un mezzo per sviluppare molte competenze come la creatività, la responsabilità e l'attenzione ai dettagli. Mi ha mostrato che, per quanto il lavoro possa sembrare difficile, una volta finito sentirai un orgoglio indescrivibile. E infine, mi ha ricordato che non sono mai stata più sicura di chi voglio diventare nella mia vita: una traduttrice."

Elisa D'Ambrosio: "Tradurre delle poesie sapendo che sarebbero state pubblicate è stata un'esperienza molto emozionante. Quello che mi è piaciuto di più è stato cercare di mettermi nei panni degli autori e percepire ciò che loro sentivano quando scrivevano. È stato sorprendente scoprire quanto potessi relazionarmi con alcune parti dei testi. Inoltre, avere la possibilità di contattare gli autori e ricevere le loro spiegazioni è stato un privilegio che ha notevolmente semplificato il lavoro."

Teresa Ferrara: "Grazie a questo laboratorio di traduzione letteraria, ho avuto la possibilità di lavorare sulla traduzione di alcune poesie di Yasmin Inkersole e Aaron Kent. Tradurre queste poesie mi ha fatto entrare in un mondo di costellazioni, sottomarini e fasi lunari; ho avuto l'opportunità di entrare in contatto con i poeti, di arricchire il mio bagaglio culturale di studentessa e di comprendere l'impegno e la responsabilità richiesti a un traduttore per svolgere al meglio il suo lavoro."

14   I really appreciated the fact that I was able to explore the style and recurring themes of poets. Being immersed in a new world of images different from those we usually deal with as well as with the technical and specific terms of some poems was certainly a challenge, but translation is an activity from which one can learn a lot."

Martina Pastore: "Translating poems has been a completely new experience for me. Since poetry is a very subjective and intimate genre, the main challenge has been trying to find a sort of bridge between or personal interpretation and the authors' actual intentions, a fundamental element for a good translation. A great support for our work was the opportunity to speak directly with the authors, who were always ready to clarify our doubts. With all the necessary information it was easier for us to keep the essence and the emotional impact of the poem, while trying to identify suitable solutions in the Italian form."

Nicoletta Scolpini: "It has been a pleasure and a privilege to be involved in the translation project of these poems. Through this experience, I've had the opportunity to immerse myself fully in the art of translation, tackling linguistic and interpretative challenges with passion and dedication. The translated poems have certainly enriched my journey, allowing me to explore the subtle nuances of words and grasp the poetic essence in new and surprising ways."

Morgan Della Guardia: "This project allowed me to immerse myself in a journey of discovery and personal enrichment, deepening my understanding of the language on both sides and honing my creative and interpretative skills. Through these translations, it was very stimulating for me to be able to approach this task as a challenge and test myself, as every translation is an act of transformation and reinterpretation. It was definitely a challenging process as one has to manage to capture the essence of the original text and at the same time make it shine in a new language. An undoubtedly exciting experience."

Antonia Guerra: "Even if poems are short forms of literature and seem to be less demanding to translate, it is actually a challenging

Letizia Cioffi: "L'esperienza da traduttrice è stata davvero interessante, anche se a tratti impegnativa. Era la prima volta che traducevo poesie dall'inglese, ma devo dire che l'aiuto, i consigli e i chiarimenti diretti dei poeti hanno reso il tutto più facile da gestire. Inoltre, ho apprezzato molto il fatto di poter esplorare lo stile e i temi ricorrenti dei poeti. Immergersi in un nuovo mondo di immagini diverse da quelle con cui ci si confronta di solito, oltre che nei termini tecnici e specifici del linguaggio dei poeti, è stata sicuramente una sfida, ma la traduzione è un'attività da cui si può imparare molto."

Martina Pastore: "Tradurre poesie è stata un'esperienza completamente nuova per me. Dal momento che la poesia è un genere molto soggettivo e intimo, la sfida principale è stata quella di cercare di trovare una sorta di ponte tra l'interpretazione personale e le reali intenzioni dell'autore, elemento fondamentale per una buona traduzione. Un grande aiuto per il nostro lavoro è stata l'opportunità di parlare direttamente con gli autori, sempre pronti a chiarire i nostri dubbi. Con tutte le informazioni necessarie, è stato più facile per noi mantenere l'essenza e l'impatto emotivo delle poesie, cercando allo stesso tempo di individuare soluzioni adeguate nella forma italiana."

Nicoletta Scolpini: «È stato un piacere e un privilegio essere coinvolta nel progetto di traduzione di queste poesie. Attraverso questa esperienza, ho avuto l›opportunità di immergermi completamente nell›arte della traduzione, affrontando con passione e dedizione le sfide linguistiche e interpretative. Le poesie tradotte hanno sicuramente arricchito il mio percorso, permettendomi di esplorare le sottili sfumature delle parole e di cogliere l›essenza poetica in modi nuovi e sorprendenti.»

Morgan Della Guardia: "Questo progetto mi ha permesso di immergermi in un viaggio di scoperta e arricchimento personale, approfondendo la mia comprensione di entrambe le lingue e affinando le mie capacità creative e interpretative. Attraverso le traduzioni, ho potuto affrontare questo compito stimolante come una sfida e mettermi alla prova, poiché ogni traduzione è un

experience because there are many aspects to consider: meter, rhythm, imagery. It is not only about conveying the same meaning of the original poem but also producing in the reader the feelings and emotions that the poet intended to evoke. Before this experience, I had never taken into account the possibility of translating poetry but this opportunity allowed me to experience something new and discover new interests."

Emilia Prati: "Translating these poems has been a quite interesting experience. In order to convey the authors' intentions, I had to put myself in their shoes, trying to understand their different life experiences and what they wanted to say with certain words and expressions. The most challenging but indeed gratifying aspect of this process was choosing the most fitting words to tell these different stories, to recreate the poems' proper atmospheres and the let the authors' voices speak through a different language from their own native one."

Valeria Romano: "This translation work carried out with the collaboration of Dr Linda Barone, during workshop hours for the literary translation module of the modern languages and literature degree course, is to be considered a particularly formative experience. In fact, through the translation of various poetic texts and the possibility of confrontation with the authors, it not only enabled us students to further expand certain knowledge in the field of translanguaging, but also represented the first opportunity for practical work, so that we could get involved and apply our skills in the field of literary translation."

Maria Grazia Caputo: "This experience has been useful and entertaining at the same time; it gave me important ideas on my future as a translation student and hopefully as a future translator. Translating poetry is not easy, it's quite impossible indeed; but the response from the poets was essential because it helped me figure out the intentions and feelings described in their poems through the emotional language used."

Maria Salvo: "Translating poetry has been an incredible journey for me, one that has allowed me to delve deeply into the soul of

atto di trasformazione e reinterpretazione. È stato sicuramente un processo impegnativo, in quanto bisogna riuscire a catturare l'essenza del testo originale e allo stesso tempo farla risplendere in una nuova lingua. Un'esperienza senza dubbio emozionante."

Antonia Guerra: "Anche se le poesie sono forme brevi di letteratura e sembrano apparentemente meno impegnative, la loro traduzione rappresenta in realtà un'esperienza complicata, perché sono molti gli aspetti da considerare: metro, ritmo, immagini. Non si tratta solo di trasmettere lo stesso significato della poesia originale, ma anche di produrre nel lettore i sentimenti e le emozioni che il poeta intendeva evocare. Prima di questa esperienza, non avevo mai preso in considerazione la possibilità di tradurre poesie, ma questa opportunità mi ha dato modo di sperimentare qualcosa di nuovo e di scoprire nuovi interessi."

Emilia Prati: "Tradurre queste poesie è stata un'esperienza piuttosto interessante. Per riuscire a trasmettere le intenzioni degli autori, ho dovuto mettermi nei loro panni, cercando di capire le loro diverse esperienze di vita e ciò che volevano esprimere con certe parole ed espressioni. L'aspetto più impegnativo, ma anche più gratificante, di questo processo è stato scegliere le parole più adatte per raccontare queste storie diverse, ricreando le atmosfere e le espressioni proprie delle poesie."

Valeria Romano: "Questo lavoro di traduzione realizzato con la collaborazione della dott.ssa Linda Barone, durante le ore di laboratorio del modulo di traduzione letteraria del corso di laurea in Lingue e Letterature moderne, è da considerarsi un'esperienza particolarmente formativa. Infatti, attraverso la traduzione di diversi testi poetici e la possibilità di confrontarsi con gli autori, ci ha permesso di ampliare ulteriormente alcune conoscenze nel campo della traduzione e ha anche rappresentato la prima occasione di lavoro pratico, richiedendoci di metterci in gioco e applicare le nostre competenze nel campo della traduzione letteraria".

Maria Grazia Caputo: "Questa esperienza è stata utile e divertente allo stesso tempo; mi ha fornito importanti spunti

18   language and emotion. It has been both a privilege and a challenge,
testing my abilities and demanding my utmost attention to detail
and nuance. Each word and line carries its own significance, and
I have relished the opportunity to find the right word in the target
language that best fits the poems. I am proud to have had the
invaluable help and insights of the poets, without which I would
have been lost."

Antonella Denise Cambareri: "Translating the poems in this
collection was challenging yet thrilling. I appreciated the guidance
and assistance from the poets themselves as I worked on the
translations. I feel that being in contact with them enhanced
my understanding of their work and helped me appreciate it
to a greater extent. I am grateful for the opportunity to have
contributed on the creation of this edition and I wish to continue
working in such an enriching environment in the future."

*Correnti Incrociate, the Salerno Project, is a collaboration between
the University of Salerno's Humanities Department and Mosaïque
Press, an independent UK-based publisher.*

per il mio percorso di studentessa di traduzione e, spero, per la mia futura carriera di traduttrice. Tradurre poesie non è facile, anzi è estremamente difficile; ma la risposta dei poeti è stata fondamentale perché mi ha permesso di comprendere le intenzioni e i sentimenti descritti nelle loro poesie attraverso il linguaggio emotivo utilizzato".

Maria Salvo: "Tradurre poesia è stato per me un viaggio incredibile, che mi ha permesso di scavare a fondo nell'anima del linguaggio e delle emozioni. È stato un privilegio e allo stesso tempo una sfida, che ha messo alla prova le mie capacità e ha richiesto la mia massima attenzione ai dettagli e alle sfumature. Ogni parola e ogni riga ha il suo significato, e ho apprezzato l'opportunità di trovare la parola giusta nella lingua di arrivo che meglio si adatta alle poesie. Sono orgogliosa di aver avuto il prezioso aiuto e le indicazioni dei poeti, senza i quali sarei stata persa".

Antonella Denise Cambareri: "Tradurre le poesie di questa raccolta è stato impegnativo e allo stesso tempo entusiasmante. Ho apprezzato la guida e l'assistenza dei poeti mentre lavoravo alle traduzioni. Sento che essere stata in contatto con loro ha migliorato la mia comprensione del loro lavoro e mi ha aiutato ad apprezzarlo maggiormente. Sono grata per l'opportunità di aver contribuito alla realizzazione di questa edizione e desidero continuare a lavorare in un ambiente così arricchente anche in futuro".

Correnti Incrociate, il progetto Salerno, è una collaborazione tra il Dipartimento di Scienze Umanistiche dell'Università di Salerno e Mosaïque Press, casa editrice indipendente con sede nel Regno Unito.

Ischia

John Eliot

Walton seated on
Burning black
Volcanic rock
For lava runs
From suns
Across darkened sand
Where waves gently roll.
Did he hear the music?
Sand and sea composing
Elegy for Beach Umbrellas

Ischia

Traduzione di Martina Pastore

Walton sedeva su
Roccia vulcanica
Nera rovente
Ché la lava scorre
Dai soli
Attraverso la sabbia oscurata
Dove le onde rotolano dolci.
Ha sentito la musica?
La sabbia e il mare compongono
Un'elegia per Ombrelloni

Feeding Fish at Fontainebleau

John Eliot

Her eyes aged nine
Deep blue inside mine. How long,
She asked,
Do you think will I live?
Saddened, I said, I don't know.
I don't know, she said,
Picking a piece, bread
From the stones.
The old man, kind,
Had left us pieces. For the fish.
Feeding fish at Fontainebleau.
Look, flaming copper, burning water.
A miracle. She laughed.
The King, I told her.
The others follow. Carp.
They are all carp. Black and gold, mouths
Taking bread like a final meal.
We broke bread, this Eastertime.
Feeding fish at Fontainebleau.
I do not know fear as I know myself,
I know you, she said, touching me.

Dar da mangiare ai pesci a Fontainebleu

Traduzione di Morgan Della Guardia

I suoi occhi di nove anni
blu profondi nei miei. Per quanto tempo,
chiese,
Pensi che vivrò?
Rattristato, dissi: "Non lo so".
Non lo so, disse lei,
Raccogliendo un pezzo di pane
dalle pietre.
Il vecchio uomo, gentile,
ci aveva lasciato dei pezzi. Per i pesci.
Dar da mangiare ai pesci a Fontainebleau.
Guarda, rame ardente, acqua che brucia.
Un miracolo. Lei rideva.
Il Re, le ho detto.
Gli altri lo seguono. Carpe.
Sono tutte carpe. Nero e oro, le bocche
che prendono il pane come un ultimo pasto.
Abbiamo spezzato il pane, in questa Pasqua.
Dar da mangiare ai pesci a Fontainebleau.
Non conosco la paura come conosco me stesso,
Io ti conosco, disse lei, toccandomi.

Meyndert Hobbema Measures the Density of Rhenish

Victor Tapner

Seventeenth-century Dutch landscape artist Meyndert Hobbema produced few known works after he was 30 when he married and took a post as an Amsterdam wine gauger.

The children sleep in the half-light
as I leave the house.
The girl is raking the hearth
to heat milk.

Upstairs my brushes sit dry
in their pots. My past
hangs on unknown walls,
lost as florins.

Lanterns on the bridge flicker
as a cart crosses
with cabbages and black beet.
Outside the city

fields are ploughed, trees
cling to their leaves,
cattle gather by dykes,
a mill wheel turns.

I wrap the cloak round my shoulders
and hurry with my bag
of callipers and rods, my tally book
of day payments.

Casks, unloaded from boats,
wait on the quayside:
Burgundy and Rhine wine
for tables of the Herengracht.

Meyndert Hobbema Misura la Densità del vino Renano

Traduzione di Nicoletta Scolpini

Il paesaggista olandese del XVII secolo Meyndert Hobbema produsse poche opere conosciute dopo i 30 anni, quando si sposò e assunse un incarico come misuratore di vino ad Amsterdam.

I bambini dormono nella penombra
mentre esco di casa.
La ragazza sta rastrellando il focolare
per scaldare il latte.

Di sopra i miei pennelli giacciono asciutti
nei vasi. Il mio passato
appeso su muri sconosciuti,
perduto come fiorini.

Le lanterne sul ponte traballano
mentre passa un carro
carico di cavoli e rape nere.
Fuori dalla città

i campi sono arati, gli alberi
si aggrappano alle loro foglie,
il bestiame si raduna presso i terrapieni,
una ruota di mulino gira.

Avvolgo il mantello alle mie spalle
e mi affretto con la borsa
di calibri e bastoni, il mio libro dei conteggi
dei pagamenti giornalieri.

Le botti, scaricate dalle barche,
attendono sul molo:
vino Borgogna e Renano
per le tavole dell'Herengracht.

26   Streets behind the Plaetse are quiet
     at this hour, the women
     resting, their business done
     as mine begins.

     Already masons' chisels
     are at work on the tower
     of the high Kerk, carving faces
     that no-one will see.

Le strade dietro la Plaetse sono tranquille
a quest'ora, le donne
riposano, il loro lavoro finisce
mentre il mio comincia.

Gli scalpelli dei muratori
sono già al lavoro sulla torre
della alta Kerk, scolpendo volti
che nessuno vedrà.

28 **Kalashnikov**
Victor Tapner

I am promiscuous and unashamed.
My lovers take me to cool rooms
where I'm stroked by many hands.
I live secretly in the suburbs,
pampered and spared ordinary chores.
My lovers trust me not to let them down.

I sleep in strange places: on floors
of what were once apartment blocks,
amid rubble on the street
cradled in rough arms waiting for daybreak.
I've lain with the corpse of a boy
in the back of a burnt-out truck.

The touch of sweat is all my lovers leave.
At night they are led to empty cellars
where they give their bodies to pain.
I've seen them kneel in narrow alleys
murmuring, as though at prayer.
Such yearnings even I can't satisfy.

One afternoon, on a hillside
I was brought to a fresh grave in the rain.
People were mourning a name
I'd hardly known: a one-night stand.
It's at such times I laugh. Head raised,
I cackle at the heavens. I feel no loss.

Kalashnikov

Traduzione di Nicoletta Scolpini

Sono promiscua e senza vergogna.
I miei amanti mi portano in stanze fresche
dove sono accarezzata da molte mani.
Vivo segretamente nei sobborghi,
coccolata e risparmiata dai compiti ordinari.
I miei amanti contano sul fatto che io non li deluda.

Dormo in luoghi strani: sui pavimenti
di ciò che un tempo erano condomini,
tra le macerie per strada
cullata in braccia ruvide attendendo l'alba.
Ho giaciuto con il cadavere di un ragazzo
nel retro di un camion bruciato.

Il tocco del sudore è tutto ciò che i miei amanti lasciano.
Di notte vengono condotti in scantinati vuoti
dove offrono i loro corpi al dolore.
Li ho visti inginocchiarsi in vicoli stretti
mormorando, come in preghiera.
Tali desideri che neanche io posso soddisfare.

Un pomeriggio, su un pendio
sono stata portata davanti a una tomba fresca sotto la pioggia.
La gente piangeva per un nome
che conoscevo appena: una notte di passione.
È in momenti come questi che rido. Testa alta,
ghigno contro il cielo. Non sento nessuna perdita.

Lise Meitner Leaves Berlin

Victor Tapner

Born into a Viennese Jewish family, physicist Lise Meitnerwas,
with Nobel laureate Otto Hahn, in the vanguard of German
nuclear research before she fled the country in 1938.

I'm taking off my lab coat
for the last time.
Each piece of apparatus stands in place:
cloud chamber, electrometer,
a web of wires to trap lightning.

Today I'm saying goodbye
to 'Frau Professor',
the Jewess with the worthless brain.
Tomorrow I'll leave my flat
with nothing but a jacket,
an address in Holland
I might never find.

For too long, Otto, I've worn the white
of this sanctuary for science,
possessed, like you, by the prize,
my head filled with atoms.
Do we know, even now,
what demons' eyes we've lit?

One neutron and a chain reaction,
one word to turn a crowd
and shatter the world.

When I could take the tram home
I'd see young women in the Tiergarten
pushing prams,
boys chasing round trees

Lise Meitner lascia Berlino

Traduzione di Nicoletta Scolpini

Nata in una famiglia ebrea viennese, la fisica Lise Meitner, insieme al premio Nobel Otto Hahn, era in prima linea nella ricerca nucleare tedesca prima di fuggire dal paese nel 1938.

Sto togliendo il mio camice da laboratorio
per l'ultima volta.
Ogni pezzo di apparecchiatura è al suo posto:
camera a nebbia, elettrometro,
una rete di fili per intrappolare i fulmini.

Oggi sto dicendo addio
a "Frau Professor",
l'ebrea dal cervello senza valore.
Domani lascerò il mio appartamento
con nient'altro che una giacca,
un indirizzo in Olanda
che potrei non trovare mai.

Per troppo tempo, Otto, ho indossato il bianco
di questo santuario della scienza,
posseduta, come te, dal premio,
la mia testa piena di atomi.
Sappiamo, anche ora,
quali demoni abbiamo risvegliato?

Un neutrone e una reazione a catena,
una parola per sconvolgere una folla
e frantumare il mondo.

Quando prendevo il tram per tornare a casa
vedevo giovani donne nel Tiergarten
spingere passeggini,
ragazzi che correvano intorno agli alberi

waving wooden guns,
girls with ropes,
men reading newspapers.
Even then I could guess the headlines.

They say Vienna waltzed after the Anschluss.
Everywhere people are dancing
to the music of broken glass.

I'm saying good night, Otto.

My lab coat hangs lifeless
behind the door,
notes on my workbench
a muddled epitaph,
the electrometer's needle
back to zero.

sventolando pistole di legno,
ragazze con corde,
uomini che leggevano giornali.
Anche allora riuscivo a immaginarne i titoli.

Dicono che Vienna ballava il valzer dopo l'Anschluss.
Ovunque la gente sta ballando
sulla musica del vetro rotto.

Ti sto dicendo buona notte, Otto.

Il mio camice da laboratorio pende senza vita
dietro la porta,
appunti sul mio banco da lavoro
un epitaffio confuso,
l'ago dell'elettrometro
rientra a zero.

Moose

Gareth Writer-Davies

zen masticator of the woods
a cow
made from spare parts
antlers
that could hang twenty hats
lips
dopey like a french kiss

you chew the blissful cud
for days
flick away flies with your ears (a gentil giant)
mooch
the water lily muskeg
leaf stripping
with a slippery tug of the head

fat
stored in muffled mountain overcoat
you
are such a mad looking mass
velvet
linebacker shredding
shoulder pads

in mono-chrome wood wrap
you gallop
at thirty five miles per hour
lofty
gangle zoetrope
wolves snap
grizzlies claw at your snowshoe feet

brewing always brewing the good ale of your cud
long

L'Alce

Traduzione di Maria Salvo

masticatore zen dei boschi
una mucca
composto da pezzi di ricambio
corna
su cui si potrebbero appendere venti cappelli
labbra
ebbre come un bacio alla francese

mastichi il bolo beato
per giorni
allontani le mosche con le orecchie (gigante gentile)
lento
palude di ninfee
la foglia strappata
con uno strattone viscido della testa

grasso
accumulato in un soffice cappotto di montagna
tu
sei una massa dall'aspetto folle
velluto
linebacker che fa a pezzi
paraspalle

in un involucro di legno monocromato
galoppi
a trentacinque miglia all'ora
nobile
esile zootropio
i lupi scattano
i grizzly si avventano sui tuoi zoccoli da neve

sempre a fermentare la buona birra del tuo bolo
lungo

sensitive Matthau face
mantled
in musk of fumebright green
you
the water tank on ballerina legs

Lay-by, A470, Storey Arms Pass

Gareth Writer Davies

late
so five minutes won't make a difference

it's raining
chunks

the wipers
taking a breather at the ten o'clock position

this road is closed
snow covering the contours like spilt emulsion

and glaciation
is pouring newly over the crags and darrens

I consider
sleeping in my car

whilst the snow and ice
grind out a new level

five minutes
won't make a difference

viso sensibile alla Matthau
ammantato
di muschio verde fumo
tu
serbatoio d'acqua su gambe da ballerina

Area di sosta, A470, Passo di Storey Arms
Traduzione di Maria Salvo

In ritardo
ma cinque minuti non fanno la differenza

Cadono
fiocchi

i tergicristalli
di sbieco si fermano per riprendere fiato

la strada è chiusa
la neve ricopre le curve liquido immiscibile

e il gelo
si riversa su rupi e scarpate

Penso
che dormirò in macchina

mentre la neve e il ghiaccio
si ammassano

cinque minuti
non fanno la differenza

The Gloom

Alice Brooker

The earth was without form, and void
— Genesis 1:2

Before the shape of consonants, did we exist?

God had no breath to sweep up this, this language forged
Of deep water, bulging cloud– I sounded nothing

But an idiot sprawling out, in black ink I rolled around
Until I saw you under my puddle– under air

Am I ever alive when you're not there?

Can I ever go back to a screaming thing
   My dear
I want to be moving so fast that my atoms go
Straight in yours, loving you with the force

Of all chaos: of our gloom. In all this darkness

Where were you?

A lockless black hole, screaming too?

Material nothings cloaked in tulle
   My love
The earth had no form while I loved you.

The gloom, the gloom, she's in my room.
Plucking out ribs to spell your name, and
When it's done, it won't be the same.

Before we were, we didn't exist–

Before I'm born, I'm missing this.

Il Buio

Traduzione di Maria Salvo

La Terra era informe e deserta
                    – Genesi 1:2

Prima di dar forma alle parole, esistevamo?

Dio era stanco per raccogliere ciò, questa lingua forgiata
di acque profonde, di nuvole rigonfie - non ero nient'altro

che un'idiota che si accascia, nell'inchiostro nero mi sono rotolata
Finché non ti ho visto sotto la pozzanghera - sotto l'aria.

Riuscirò mai a vivere quando non ci sei?

Potrò mai tornare ad urlare?
        Tesoro mio
Desidero muovermi così velocemente che i miei atomi
 si allineino ai tuoi, amandoti con la forza

Di tutto il caos, della nostra oscurità. In queste tenebre

Tu dov'eri?

Un buco nero senza serratura, che urla anch'egli?

Il Nulla avvolto da tulle
        Amore mio
Mentre ti amavo, la terra non aveva forma.

Il buio, il buio, è nella stanza.
Strappo le costole per pronunciare il tuo nome, e
Quando tutto sarà finito, non sarà più lo stesso.

Prima di essere, non esistevamo...

Prima che io nasca, mi manca tutto questo.

Time

Alice Brooker

You taught me a slow smouldering,
An age of stars passing your eyes and my body
Connected to each one. Our sparks fly just like

Electrons touching, nerves intertwined I watched
The chemistry of it all under a microscope and

I saw the atoms of your eyes were particles
Of the moon, made from forever and would you

Spend forever here? I promise
It is all so safe under, hands
Through hair and scooped up
Like a small planet–

You hold me like I am a whole world

A universe of detail, explore as much of
This eternity as you wish, for I

Have told the sun not to rise for us,
Her atmosphere fades to deep blue:

Close, still and secret.

Is this what you meant by a closed system?

Nothing knows its way in, nothing
Wants to leave.

Il Tempo

Traduzione di Maria Salvo

Mi hai insegnato una lenta combustione,
Il tempo passa davanti ai tuoi occhi e al mio corpo
uniti. Scintille volano come

Elettroni si sfiorano, nervi si intrecciano e osservavo
al microscopio la chimica del tutto e

Ho visto che gli atomi dei tuoi occhi erano frammenti
di luna, fatti di eternità e tu vorresti

passare qui l'eternità? Ti prometto
che va tutto bene, le dita
Fra i capelli e raccolti
Come un piccolo pianeta

Mi sostieni come se fossi un mondo intero

Un universo fatto di dettagli, esplora
tutta l'eternità che desideri, perché

Ho chiesto al sole di non sorgere per noi,
La luce si dissolve in un blu profondo:

Chiuso, immobile e segreto.

Intendevi questo per sistema chiuso?

Non c'è niente che sappia entrarvi, nulla
che voglia uscirne

It is enough

Kate Rose

After 'Digging 1' by Edward Thomas

What is the lesson of April? Could
it be the cuckoo's call that is a tempo

for spring? Can enough morning dew bid
goodbye to dust and ash? Or banish

woodsmoke beneath the chestnut's arms?
We crumble violets between our fingers

or lie among the bluebells growing
in the shade of new born earth. Welcome

dawn, a woodpecker drums, beating its
shadow across a forest of butterflies.

Temper gentle winds, flush out the sad.
Let greylags fly before ice ravages our door again.

È abbastanza

Traduzione di Valeria Romano

Dopo 'Digging 1' di Edward Thomas

Qual è la lezione di Aprile? Potrebbe
essere il richiamo del cuculo che è tempo

per la primavera? La rugiada mattutina può
dire addio alla polvere e alla cenere? O allontanare

fumo di legna sotto le braccia del castagno?
Sbricioliamo le violette tra le dita

o ci sdraiamo tra le campanule che crescono
all'ombra della terra appena nata. Benvenuta

alba, un picchio batte, scandendo la sua
ombra su una foresta di farfalle.

Venti gentili, che spazzano via la tristezza.
Lasciate che le aquile di mare volino prima che il ghiaccio devasti
di nuovo la strada.

Shells

Kate Rose

After 'Lino' by Patrick Maddock

Somewhere between winter and spring
a cedar dances by an empty shore. We witness
a floating coracle, it labours uncannily off the sand;
you pray for its round bowl, its frame of bone and skin.
We tread towards its traveller's heart, layer its path
with daffodils. Remember each morning how we listened
for the nomad sea? You said it was broken by golden waves.
Just as candles absorb themselves, so we offered
our natures to afternoons of paths and oaks.
Our devotions were little more than jewels perched
on window sills. Our prayers, fragile truths
hidden in seashells.

Conchiglie

Traduzione di Valeria Romano

Dopo 'Lino' di Patrick Maddock

Da qualche parte tra l'inverno e la primavera
un cedro danza su una riva vuota. Un corpo galleggiante,
si affanna in modo imprevedibile sulla sabbia;
si prega per la sua coppa rotonda, la sua struttura e la sua pelle.
Camminiamo verso il suo cuore viaggiatore, tappezziamo il suo sentiero
di narcisi. Ricordi come ogni mattina ascoltavamo
il mare nomade? Dicevi che era rotto da onde dorate.
Come le candele si assorbono da sole, così abbiamo offerto
le nostre anime a pomeriggi di sentieri e querce.
Le nostre devozioni erano più che gemme adagiate
sui davanzali delle finestre. Le nostre preghiere, fragili verità
nascoste in conchiglie.

the daughters of eden

Rhian Elizabeth

think of that garden.
the rivers, the flowers
and the trees. how god mixed
it on his palette – the very first
shade of the colour green – and then,
like monet, slung it from his paintbrush
at the earth's blank canvas. paradise. not one
pristine blade of grass yet trampled by the careless foot of man.

we know what happened next

but what if god didn't create adam?
what if, instead, he first made eve and then plucked
from her rib *another* eve?   no cain and abel to follow
because he knew it, even then, that women make terrible mothers.

would either eve have snatched
the forbidden apple from the tree,
given in to temptation?

i would have been too preoccupied with her nakedness
to even notice the serpent.

le figlie dell'eden

Traduzione di Valeria Romano

penso a quel giardino.
ai fiumi, ai fiori
e agli alberi. come dio ha mescolato
la sua tavolozza - la primissima
tonalità del colore verde - e poi,
come monet, l'ha versato dal suo pennello
sulla tela bianca della terra. paradiso. non un
solo filo d'erba incontaminato ancora calpestato dal piede
incurante dell'uomo.

sappiamo cos'è accaduto dopo

ma se dio non avesse creato adamo?
e se invece avesse creato prima eva e poi avesse strappato
dalla sua costola *un'altra* eva?   niente caino e abele da seguire
perché già allora sapeva che le donne sono madri terribili.

eva avrebbe strappato
la mela proibita dall'albero,
cadendo in tentazione?

sarei stato troppo preoccupato per la sua nudità
per notare il serpente.

i always ordered the lobster fra diavolo
Rhian Elizabeth

all date night achieved was reaffirming
the fact that we were no longer the same people.
the red tiffany lamp hanging over the darkened
booth still pushed crimson triangles of light across
the tablecloth, you wore the black dress you thought
was my favourite, and when he came to take our order,
the owner of the restaurant said he was glad to see us again-
his favourite customers, why had we not a-come back
to see him for so long?
we made our excuses, reinvented the story of our lives,
and you hesitated about your selection.
but i knew exactly what i wanted.
i was always so predictable, and you said that was the problem.
stomach rumbling, my heart sank when i saw it, the marker pen
through the belly of the words;

they'd taken the lobster fra diavolo off the menu.

ho sempre ordinato l'aragosta alla diavola

Traduzione di Valeria Romano

l'unico risultato della serata è stato quello di ribadire
il fatto che non eravamo più le stesse persone.
la lampada rossa di tiffany sopra la cabina buia
ancora triangoli di luce cremisi sulla
tovaglia, tu indossavi il vestito nero che credevi
fosse il mio preferito, e quando venne a prendere le nostre ordinazioni,
il proprietario del ristorante disse che era contento di rivederci-
i suoi clienti preferiti, perchè non siamo mai tornati
a trovarlo per così tanto tempo?
ci siamo giustificati, reinventato la storia della nostra vita,
e tu hai esitato a scegliere.
ma io sapevo esattamente cosa volevo.
sono sempre stata così prevedibile, e tu hai detto che era questo il
problema.
lo stomaco brontolava, il mio cuore si afflosciò quando vidi il pennarello
attraverso la pancia delle parole;

avevano tolto dal menu l'aragosta alla diavola.

outer space, out of time
Rhian Elizabeth

when you were a baby
you wouldn't sleep unless it was next to me

    you screamed our little house down
    the second i lay you in your cot

i tried rocking you back and forth
singing every nursery rhyme known to man

    but no lullaby could ever persuade you
    to settle into a dream

the solar system mobile would still be
playing twinkle twinkle little star

    as i gave in, carried you resentfully to my bed
    and you would be *smiling* then, silent as a stone

during those never-ending nights
milk circles spilling wet planets onto the sheets

    i thought it was a curse
    but eighteen years later you flinch at my touch

you want to cast a galaxy between us
    and now i understand that it was all a blessing.

oltre lo spazio, oltre il tempo

Traduzione di Emilia Prati

quando eri un bebè
non ti addormentavi se non accanto a me

    le tue urla tiravano giù la nostra casetta
    non appena ti poggiavo nella tua culla

ho provato a cullarti in continuazione
cantando ogni filastrocca esistente

    ma nessuna ninna nanna riusciva mai a persuaderti
    a rasserenarti in un sogno

la giostrina del sistema solare che continuava
a suonare ninna nanna ninna oh

    arrendendomi, ti trasportavo con risentimento nel mio letto
    e solo allora *sorridevi*, muta come un pesce

durante quelle notti interminabili
cerchi di latte rovesciavano pianeti bagnati sulle lenzuola

    pensavo fosse una maledizione
    ma diciotto anni dopo sussulti al mio tocco

vuoi distendere una galassia tra di noi
    e ora capisco che tutto era una benedizione.

Incident in the Grove

Katie Gramich

Saturday afternoon in the Grove.
The sun pours down on number twenty-five's
preternaturally pink roses
and the polished bonnet of the Rover
at number twenty-one. Across the way
gleams a World's Best Dad mug, forgotten
on the brick wall of number twenty-two,
beside a handful of plucked weeds, crisping.
Under the lavender at number twenty-four
A jay scuffles, strayed from Cathays churchyard.
Silence lies on the Grove, like skin on custard.

But at number twenty-three the front door
is ajar. The shadowed hole inside gapes.
Outside the car is gone and the Grove waits.
The skin is now drawn taut as a drum:
The Grove is holding its breath.

                         Then they come:
The gentle walkers from the street's dead end,
A man, a woman, and their minute Yorkshire
terrier, on a lead, strolling through the basking street.
They are old, like the man of number twenty-three,
recently widowed, alone now with his dog.

As they pass, the widower's mastiff appears
in the gap of the open door. He cocks his head,
alone, confused, but then he spots the terrier
and he knows what he must do. Every muscle
in his body clenches and he shoots out.
Before the Grove takes a breath, he has him
in his jaws and is shaking him frenziedly
from side to side, side to side, like a rat.

Incidente a Grove

Traduzione di Emilia Prati

Sabato pomeriggio a Grove.
Il sole inonda le preternaturali rose rosa
del civico venticinque
e il cofano smaltato della Rover
al civico ventuno. Dall'altro lato della strada
risplende una tazza del Miglior Papà del Mondo, dimenticata
sul muretto di mattoni del civico ventidue,
accanto a una manciata di erbacce strappate, scrocchianti.
Sotto la lavanda al civico ventiquattro
Una ghiandaia si dimena, allontanatasi dal cimitero di Cathays.
Il silenzio ricopre Grove, come la pellicina sulla crema pasticcera.

Ma al civico ventitré la porta d'ingresso
è socchiusa. L'ombreggiato varco dell'interno si spalanca.
All'esterno l'auto non c'è più e Grove attende.
Ora la pelle è tesa come quella di un tamburo:
Grove trattiene il respiro.

                          Poi arrivano:
I gentili passeggiatori dal punto morto della strada,
Un uomo, una donna, e il loro minuto Yorkshire
terrier, tenuto al guinzaglio, passeggiavano per la tranquilla strada.
Sono anziani, come l'uomo del civico ventitré,
da poco vedovo, ora solo con il suo cane.

Al loro passaggio, il mastino del vedovo compare
nella fessura della porta aperta. Inclina la testa,
solo, confuso, ma poi avvista il terrier
e sa cosa deve fare. Ogni muscolo
del suo corpo si contrae e il mastino scatta.
Prima che Grove prenda fiato, lo tiene
tra le fauci e lo scuote selvaggiamente
da una parte all'altra, da una parte all'altra, come un ratto.

54   The woman's screams tear the taut fabric
      of the Grove's silence. The man's anguished shouts
      Rumble out. The dogs make no noise,
      Locked into each other, one shaken, bleeding,
      The other strutting like a prize fighter,
      unstoppable in his performance.

      One by one, the people in the Grove
      Come to their doorways, perplexed.
      Then two, three, men bear forth, armed
      with sticks and furled umbrellas. Their tattoo
      on the mastiff's head and shoulders is in vain.
      He won't let go. The terrier now is limp
      in his jaws. Then an angry young man
      strides up with a croquet mallet.
      The blow to the dog's head resounds
      like a dull bell all along the street.
      He drops the terrier and the mallet-wielding
      Man drags the mastiff to the front door
      of number twenty-three and throws him in.
      The door claps shut and the only sounds
      are now the woman's muffled moans and sobs.
      She cradles the dead terrier in her arms like a baby,
      while the man holds her, groaning into her neck.
      Then the two shuffle back, en cortège, to the dead end.

      Numbers twenty, twenty-one, twenty-two,
      twenty-four and twenty-five relapse into silence.
      A black cat with an evening look slinks across
      the empty yard of number twenty-three.

Le urla della donna squarciano il tessuto teso
del silenzio di Grove. Le grida angosciose dell'uomo
Rimbombano. I cani non emettono alcun suono,
Incastrati l'uno nell'altro, uno percosso, sanguinante,
L'altro che si pavoneggia come un pugile di razza,
inarrestabile nella sua performance.

Una ad una, le persone a Grove
Si affacciano dalle loro porte d'ingresso, confuse.
Poi due, tre, uomini si fanno avanti, armati
di bastoni e ombrelli chiusi. I loro colpi ripetuti
sulla testa e sulle spalle del mastino sono invano.
Non molla la presa. Il terrier è ora floscio
nelle sue fauci. Poi un giovane inferocito
avanza con una mazza da croquet.
Il colpo sulla testa del cane rimbomba
come una campana sorda lungo tutta la strada.
Lascia cadere il terrier e l'Uomo che brandiva il
bastone trascina il mastino verso l'ingresso
del civico ventitré e lo butta dentro.
La porta si chiude in un colpo secco e gli unici suoni
sono ora i lamenti e i singhiozzi soffocati della donna.
Fra le sue braccia culla come un bambino il terrier morto,
mentre l'uomo abbraccia lei, gemendo nel suo collo.
Poi i due tornano indietro angosciosamente, en cortège, verso il
punto morto.

I civici venti, ventuno, ventidue,
ventiquattro e venticinque ripiombano nel silenzio.
Un gatto nero con sguardo sinistro si aggira attraverso
il cortile vuoto del civico ventitré.

**A rhombus of light on the floor
of Gwen John's Paris apartment**

Katie Gramich

Here it is –
a moment
caught a century ago
on a summer's afternoon
as she stood
with her stubby brush like a sword
to pierce and hold the light.
There. The rhombus
floats like a raft
and the sun rolls on.
The floor is dull
but the rhombus is radiant
on her canvas.
We gaze at it
now. Still.
Glowing.

Un rombo di luce sul pavimento
dell'appartamento di Gwen John a Parigi

Traduzione di Martina Pastore

Ecco qui –
un momento
catturato un secolo fa
in un pomeriggio d'estate
mentre lei era in piedi
con il suo grosso pennello a mo' di spada
a perforare e tenere la luce.
Lì. Il rombo
galleggia come una zattera
e sopra il sole che rotea.
Il pavimento è opaco
ma il rombo è radioso
sulle sue tele.
Lo fissiamo
ora. Ancora.
Splendere.

Light and dimness

Johanna Domokos

standing behind the display in black,
in a soul-thin shroud
the dress ripples on my eyelids

time has remained still three times
time stands still now at the dawn

in stillness the one not present
yesterday may have been a whole lifetime
in the dawn the ones coming afterwards

you may no longer live
swiping your stories from my arms
everything fits in the heart

children following their paths, and found and let go the lost ones
of past lives
they too are their ways

cloud, fragrance, bird – been all before, for last as a flower i
breathed life into my body, blood and husband osiris

after nine months i gave birth to a middle-aged man
with a pain clearly unshareable

and the man-child is maybe the lord of the invisible
while i am here among the living

silence ring silver ring
i held the gold ring
ringing here ringing there

Luce e oscurità

Traduzione di Martina Pastore

in piedi dietro allo schermo in nero,
in un velo sottile come l'anima
il vestito si increspa sulle mie palpebre

il tempo è rimasto fermo per tre volte
il tempo è fermo ora all'alba

nella paralisi quello non presente,
ieri poteva essere una vita intera,
all'alba quelli che verranno dopo

potresti non vivere più
scorrendo le tue storie tra mie braccia
nel cuore c'è posto per tutto

bambini che seguono i loro percorsi, e trovati e lasciati andare
quelli persi nelle vite passate
anch'essi sono i loro sentieri

nuvola, profumo, uccello- ci sono stati prima, infine come un
fiore ho respirato la vita nel mio corpo, sangue e il marito di osiride

dopo nove mesi ho partorito un uomo di mezza età
con un dolore che non si può esprimere chiaramente

e l'uomo-bambino è forse il signore dell'invisibile
mentre io sono qui tra i vivi

ancllo del silenzio anello d'argento
ho tenuto l'anello d'oro
tintinnando qui, tintinnando lì

angels deliver you not out
more alive than the dead
who is it?
more dead than the living
who is it?

its bright light shows darkness
collapse brings the rest

brought to life by the emptied past
from the realm of the living when he returns
prayer is harder

night prayer would relieve the squeezing of the neck
daytime silence would open the wings of joy on your back
it would move the legs, the arms
i would just notice

hard times reading lines of cut
warmth in your parts
on me in cold splendor
the sweat beads of despair

triple
half
homes
in the fracture lines yet it appears a kind of light

the birth of the continual hope is this exact eternal creation

waiting to be taken over by the gaze of the island

asking me to decide instead of him
who is nor present and nor future
but the perforated well of the past

gli angeli non ti hanno tirato fuori
più vivo dei morti
chi è?
più morto dei vivi
chi è?

la sua luce vibrante mostra l'oscurità
il collasso porta riposo

animato da un passato vuoto
quando ritorna dal regno dei vivi
la preghiera è più forte

la preghiera della notte allevierebbe la morsa al collo
il silenzio del giorno spiegherebbe delle ali sulla tua schiena
muoverebbe gambe, braccia
lo noterei appena

difficile leggere linee di taglio
il calore delle tue parti
su di me in freddo splendore
il sudore perle di disperazione

il triplo
la metà
case
nelle linee di frattura già appare una sorta di luce

la nascita della speranza perpetua è questa esatta eterna creazione

aspettando di essere sopraffatto dallo sguardo dell'isola

chiedendomi di decidere invece di lui
chi non è né presente né futuro
ma il trivellato pozzo del passato

62   the ankh asks to ground a later place of worship

        while you have nothing else to do but be with this world as i am
        with the other

        here we sit, both of us, so long as one heart remains

        tenderness, heartful otherness

        thirteen plus one

l'ankh chiede alla terra un posto di culto scomparso

mentre non hai nient'altro da fare che essere con questo mondo
come io sono con l'altro

sediamo qui, tutt'e due, così a lungo che rimane un solo cuore

tenerezza, alterità sincera

tredici più uno

Fall

Johanna Domokos

the tariff and the unexpected
wailing wall
and the chased wallah
with leased fall
simultaneously on more places
with bang and case
five point five feet tall
– and now already in vain –
i fell for another country's
wallfaring son long ago
this longing was an easy burden
walled victims
rush into his arms
the words
do not remember her
the mouth is sealed up half an eye
and overshoot the opportunities
the roads
drive me up the castle the wall
because of whom

suspicion falls upon me
my traps later noticed cases
bear my choice
– and like this – they come along,
and fill up the months
wall to wall

Caduta

Traduzione di Antonia Guerra

la tariffa e l'inaspettato
il muro del pianto
inseguendo wallah
con una caduta a noleggio
simultaneamente su più fronti
con un colpo secco
alto un metro e mezzo-
– e ormai in vano –
persi la testa per il figlio viandante
di un altro paese molto tempo fa
questo desiderio era un piacevole fardello
vittime con le spalle al muro
si buttano tra le sue braccia
le parole
non ricordarla
la bocca è sigillata, basta uno sguardo
e le opportunità mancate
le strade
mi portano su per il castello il muro
per chi

il sospetto cade su di me
le mie trappole poi casi evidenti
sostengono la mia scelta
– e così – si uniscono,
e riempiono i mesi
da muro a muro

painful, insignificant

Johanna Domokos

for tzveta sofronieva

we form ideas about life
how sensitive our body land/e/scape
what it's like to struggle in it
as an intellectual minority
angel woman companion
become an orphan and be the one found
while all this is painful and insignificant
and we are happy

and when we move on
nothing changes
nothing tears apart in us
just as the present flows
the bribe /or according to
dictionary its half sisters:
present das gift offering/

doloroso, insignificante

Traduzione di Antonia Guerra

per tzveta sofronieva

ci creiamo idee sulla vita
quanto è sensibile il nostro pa/e/s/saggio corporeo
come ci si sente a lottarci dentro
come una minoranza intellettuale
compagna donna angelo
diventare un'orfana e a essere colei rinvenuta
mentre tutto questo è doloroso e insignificante
e noi siamo felici

e quando andiamo avanti
nulla cambia
nulla si lacera in noi
proprio mentre il presente scorre
persuasione /o secondo
il dizionario le sue sorellastre:
presenta un presente in dono/

Lazarus Rides Again

Mick Corrigan

Being dead was easy, I knew everything
and everything knew me,
knowledge unbounded, fathomless at a cellular level,
like the stone dark aquifers from which we draw water,
like all the libraries in all the world
concealed within a micro-dot,
my amber honeycomb of sleep, long, slow, undisturbed,
I was a miracle completed, I was a miracle complete.

Yeshua Ben Yusef called me by name,
hauling me back as a fisherman hauls the net,
crackling with command, disturbed air bright-moting,
I went reluctantly, knowing well the life of toil,
the life of strife, the lift and carry, the portering of grief
that describes all we know as the here and now.

I love the smell of fresh baked bread, its oven warmth
floury in my hands,
I love olives and cheese, eaten at noon in a shaded
quiet spot,
I love bird song and silence, the silence that falls before
the wonder of snow,
I love my love, smiling as she watches the stupidity
of men,

but at night, under the stars I stand, willing the bright
hand to reach for me
once more.

Lazzaro Cammina Di Nuovo

Traduzione di Antonia Guerra

Essere morto era facile, conoscevo tutto
e tutto conosceva me,
conoscenza senza limiti, insondabile a livello cellulare,
come gli acquiferi scuri di pietra da cui estraiamo l'acqua,
come tutte le biblioteche in tutto il mondo
racchiuse in un puntino,
il mio nido d'ambra di sonno, lungo, lento, indisturbato,
ero un miracolo completato, ero un miracolo completo.

Yeshua Ben Yusef mi chiamò per nome,
trascinandomi come un pescatore trascina la sua rete,
crepitante al comando, aria turbata da sprazzi di luce,
andai a malincuore, conoscendo bene la vita della fatica,
la vita della lotta, sollevare e trasportare, facchino di pena
che descrive tutto quello che sappiamo come il qui e ora.

amo l'aroma del pane appena sfornato, il calore del forno,
farinoso nelle mie mani,
amo le olive e il formaggio, mangiate a mezzogiorno in un luogo
ombreggiato e tranquillo,
amo il canto degli uccelli e il silenzio, il silenzio che cade prima
della meraviglia della neve,
amo il mio amore, sorridente mentre lei osserva la stupidità degli
uomini,

ma di notte, sto sotto le stelle, sperando che la mano luminosa
mi raggiunga
ancora una volta.

Nocturne

Mick Corrigan

Those swooping ghosts of love and loss, pale as gulls against the
lapis night,
in the deepest waters of my dreaming sea where everything is
stygian blue,
singing whales reveal themselves in a silvered rush of bubbled
breath.

The gather basket of my childhood self, brimming with the
childhood things
all simplicity and complex weight, a small white feather bloodied
at the tip,
a dull marble looking like an aged eye, an empty collar with a
rusted tag.

Adult voices low in the murmur, tone learned like ballads in the
slow supping of mothers' milk.

This morning a hawk holding the air, bringing a silence into her
shadow,
death in feathers, elegant and absolute, ferocity of purpose, no
debate with
those who have left without saying goodbye – Noel, Robbie, Kay,
Tommy and all the other names that rise unbidden in my throat
as I try and fail to call the list,
the closing verse,
the completed poem.

Notturno

Traduzione di Antonia Guerra

Quei fantasmi di amore e perdita in picchiata, pallidi come
gabbiani contro la notte cerulea,
nelle acque profonde del mio mare sognante tutto è
blu stigio,
balene canterine si rivelano in un'onda argentata di borboglio
gorgogliante.

La scatola del mio io infantile, traboccante di cose
infantili
tutta semplicità e complessità di peso, una piccola piuma bianca
insanguinata alla punta,
un marmo opaco come un occhio invecchiato, un collare vuoto
con una piastrina arrugginita.

Voci adulte sommesse nel mormorio, come filastrocche apprese
sorseggiando il latte materno.

Questa mattina un falco trattenendo l'aria, trasportando un
silenzio nella sua ombra,
morte nelle piume, elegante e assoluta, ferocia negli intenti,
nessun confronto con
coloro che se ne sono andati senza salutare – Noel, Robbie, Kay,
Tommy e tutti gli altri nomi che non invitati risalgono in gola
non appena provo e non riesco a farne l'appello,
il verso conclusivo,
il poema completato.

Joe Gideon reflects on a life in cinema

Sheila Schofield Large

On a dishevelled stage you meet Angelique;
lucent with white aura. The only one to listen
as you chain smoke on the narrative of your art,
observe as you direct comedic genius to messianic
destruction.

Even as the film slides towards the last obscenity
the stage show must go on. Life is a cabaret
old chum.

There is time   you decide   to fill your mind with
one last blast of Vivaldi; wash out your mouth
with amphetamine; soothe flashlight eyes with
belladonna. Showtime!

The lightning brain never able to contain the heart
racing for the next act...

even as it palpates   shudders   slows   dreams linger
in crimson haze. One last extravaganza. The overture
swells. Your feet tap out the syncopated rhythm
to the din of applause. From the backstage shadows
a whisper...

right this way your table's waiting. The end is softer
somehow than you ever imagined. The last thing is
the music   the danse macabre   the final curtain.
All That Jazz.

Joe Gideon riflette su una vita al cinema

Traduzione di Piera Guarente

Su un palco disordinato incontri Angelique;
lucente con una bianca aura. L'unica ad ascoltare
mentre senza sosta fumi lungo il racconto della tua arte,
ad osservare mentre dirigi geni della commedia verso messianiche
distruzioni.

Persino mentre il film scorre verso l'ultima oscenità
lo spettacolo deve continuare. La vita è un cabaret,
vecchio amico.

C'è tempo   decidi tu   per riempire la tua mente con
un'ultima esplosione di Vivaldi; sciacquati la bocca
con l'anfetamina; lenisci gli occhi brillanti con
la belladonna. È l'ora dello spettacolo!

Il cervello scattante non è mai in grado di trattenere il cuore
trepidante per il prossimo atto...

persino mentre palpita   sussulta   rallenta   sogna si trattiene
in una foschia cremisi. Ancora una stravaganza. L'ouverture
cresce. I tuoi piedi battono il tempo del ritmo sincopato
dal baccano di un applauso. Dalle quinte ombreggia
un bisbiglio...

Da questa parte, il tavolo aspetta. La fine è in qualche modo
più lieve di quanto avessi immaginato. L'ultima cosa è
la musica   la danza macabra   il sipario.
All That Jazz – Lo spettacolo comincia.

A backward glance

Sheila Schofield Large

Her berry-tipped fingers swirl in the clear
stream as she cups hands. She hears
whispers in the soft fronds that dip over
a tangle of roots. Crimson stains the water.
In the red reflection she sees again the fractured
house; its blackened skeleton exposed; wallpaper
falling in flayed folds from gable walls. Ochre dust
billows above mounds of rubble. They say that
inside every explorer is a small child searching.
The pebbles in the brook slide now beneath
her small feet. She lifts her head up to the hedgerow
bright with may, to the field beyond where the children
play in head-high corn. Sometimes they ask if she
is happy. If she misses her home. She can give
no answer. She is a small explorer searching
through the ripples of a stream.

Uno sguardo all'indietro

Traduzione di Piera Guarente

Le sue dita dalla punta color bacca vorticano nella chiara
corrente con le mani a coppa. Sente
bisbigli tra le soffici foglie che sprofondano in
un groviglio di radici. Il cremisi colora l'acqua.
Nel riflesso purpureo rivede la casa
spaccata; il suo annerito scheletro esposto; la carta da parati
cadente in pieghe scorticate dalle mura del timpano. La polvere ocra
si leva su masse di detriti. Dicono che
in ogni esploratore ci sia un piccolo bambino che cerca.
I ciottoli nel ruscello scorrono adesso sotto
i suoi piccoli piedi. Alza la testa sui fiori di biancospino
della siepe, sul campo dietro dove i bambini
giocano tra l'alto granturco. A volte chiedono se lei
sia felice. Se senta la mancanza di casa. Lei non riesce
a dare una risposta. È una piccola esploratrice che cerca
tra le increspature di una corrente.

Into the Night Wood

Yasmin Inkersole

I don't know why I have come here this time.
The grandfather clock is silent, I have fallen out of time.
The ground luminesces, every snail track and pawprint
is iridescent, glittering under a half moon.
I know why I have come here this time.
Now that the grandfather clock is silent, there is time.

I put my hand to cool roots, flesh to flesh.
The bark beneath my fingertips is electric,
carrying a pulse up the trunk, to the leaves,
which tremble at my *touch, touch, touch.*
It reminds me that I am still here, still human.
There is a need to go deeper.

My footprints shine on leaves and fallen branches;
green and purple, my shimmering tracks.
Between the ample bodies of the ash and the oak,
a pool emerges. Green-gold in the depths of the woods,
it has drawn the world to its edges to drink.

My toes enter first. Piece by piece, I vanish.
I watch myself splinter, my torso above ground,
my waist submerged. I asked the world
to take me back again, to the place where
only things that should be known are known.
I want you to know how beautifully I disappeared
when the lake spread its arms wide and said yes.

Nel Bosco Notturno

Traduzione di Piera Guarente

Non so perché sia venuta qui questa volta.
L'orologio del nonno è silenzioso, sono finita fuori dal tempo.
Il suolo si illumina, la scia e l'impronta di ogni chiocciola
è iridescente, luccicante sotto una mezza luna.
So perché sono venuta qui questa volta.
Ora che l'orologio del nonno è silenzioso, c'è tempo.

Poggio la mano sulle fredde radici, carne sulla carne.
La corteccia sotto le mie dita è elettrica,
mentre conduce un'energia lungo il tronco, fino alle foglie,
che tremano al mio *tocco, tocco, tocco.*
Mi ricorda che sono ancora qui, ancora umana.
C'è un bisogno di andare più a fondo.

Le mie impronte brillano sulle foglie e sui rami caduti;
verde e lilla, le mie scie luccicanti.
Tra gli ampi corpi della cenere e della quercia,
una piscina emerge. Oro verde nelle profondità del bosco,
ha attratto il mondo alle sue sponde per bere.

Le dita dei miei piedi entrano per prime. Pezzo dopo pezzo, svanisco.
Vedo me stessa andare in frantumi, il mio busto sul terreno,
la mia vita sommersa. Chiedo al mondo
di riportarmi in me, al posto in cui
solo le cose che possono essere conosciute, lo sono.
Voglio che sappiate quanto meravigliosamente io sia sparita
quando il lago spalanca le sue braccia e dice sì

Ladies

Yasmin Inkersole

How are you doing it? Sometimes I want to grab one of
you and ask – stop you at some street corner, whisper in
your ear: *can you teach me? you do this so much better
than I do.* And the shoes don't seem to make a differ-
ence, or the mascara, and sometimes I make my bed
and sometimes I don't but always the bedsheets of my
insides are creased up, and I want to come crawling to
your feet with my palms up, and ask for some of what
you have, if there's any going spare? With your baby on
your hip and lipstick in a shallow jean pocket and high
heels on the underground and pulling your skirt down
on the escalator and cigarette in the mizzling rain and
pushing open the office door, scattering yourself all over
this city, leaving coffee rings and ink stains and love
bites and bits from worn-down erasers. God. How the
hell are you doing it?

Signorine

Traduzione di Teresa Ferrara

Ma come fai? A volte vorrei afferrare una di voi e chiedere - fermarti all'angolo della strada, sussurrarti all'orecchio: *me lo puoi insegnare? lo fai molto meglio di me.* E le scarpe non sembrano fare la differenza, o il mascara, e a volte mi rifaccio il letto e altre no, ma le mie lenzuola interiori sono sempre sgualcite, e vorrei venire strisciando ai tuoi piedi con i palmi delle mani alzati, e chiederti un po' di quello che hai, è rimasto qualcosa? Con il tuo bambino in braccio e il rossetto nella tasca bassa dei jeans e i tacchi alti nella metropolitana e tirando giù la gonna sulla scala mobile e la sigaretta sotto la pioggia battente e spingendo le porta dell'ufficio, sparpagliandoti per tutta la città, lasciando anelli di caffè e macchie d'inchiostro e morsi d'amore e pezzetti di gomme da cancellare consumate. Dio. Ma come diavolo fai?

Nuclear Fusion

Yasmin Inkersole

We slipped out of the party, just us two,
like we were cooler than the night
for escaping outside not to smoke, just to see the stars.
I pretended not to be cold, you pretended
you knew the constellations.
It's so human, I thought.
We make our own configurations.

Six years later, I don't pretend the stars aren't
violent collisions of hydrogen atoms
throwing themselves at each other,
maybe in rage.
Maybe just to form helium,
lighter than air.

Fusione Nucleare

Traduzione di Teresa Ferrara

Siamo scappati dalla festa, solo noi due,
come se fossimo più fighi della notte
fuggendo fuori non a fumare, ma solo ad ammirare le stelle.
Ho finto di non avere freddo, hai finto
di conoscere le costellazioni.
É così umano, pensai.
Creiamo le nostre configurazioni.

Sei anni dopo, non fingo che le stelle non siano
violente collisioni di atomi di idrogeno
che si scontrano gli uni contro gli altri,
forse con ira.
Forse solo per formare elio,
più leggero dell'aria.

Training Werewolves

Aaron Kent

Under the illumination of
night's sterile propeller, even the dark side
of this crescent depth gauge
waxes lyrical about submarinés as nightmare fuel
for escape rooms. I wish to wane
slowly as an abandoned hatch, to orbit delicately
as a torpedo on payday, yet these
dreams reflect the ballast of a return I sacrificed
for an eclipse as seen from a bridge
and the small grace of a weighty periscope.
Bathe us as crew in the murky wilderness
of an ocean contemplating the formation of new
craters, and call us home when the time comes
to pacify sound and make mountains of moondust.

Addestrare lupi mannari

Traduzione di Teresa Ferrara

Sotto il bagliore
dell'elica sterile della notte, persino il lato oscuro
di questa intensa mezzaluna
loda sottomarini come combustibile da incubo
per escape room. Desidero tramontare
lentamente come un portello abbandonato, orbitare dolcemente
come un siluro nel giorno di paga, eppure
questi sogni rispecchiano la zavorra di un ritorno che ho sacrificato
per un eclissi vista da un ponte
e la piccola grazia di un pesante periscopio.
Bagnaci come equipaggio nella selvaggia oscurità
dell'oceano che contempla la formazione di nuovi
crateri, e richiamaci a casa quando giungerà il momento
di placare il suono e creare montagne di polvere lunare.

On Climbing Low in Witness

Aaron Kent

To submerge a cloud is to navigate
among a bicycle's tremendous tendency
to sleep. Or so it feels watching us
patrol the ocean amid the guitaring
of periscopes. When I dive into the moon
I calculate the need to monitor for
stars at crush depth, the elephanting
of communications cut off by cameras
fathoms above the veneer of surface.
Maintaining a lie in a book is as simple
as manoeuvring the official secrets act
over pizza with friends. Every truth
is worth its own weight in silence.

Sprofondare negli abissi

Traduzione di Teresa Ferrara.

Immergersi in una nuvola è come navigare
tra la tremenda tendenza a dormire
di una bicicletta. O almeno così ci si sente guardandoci
pattugliare l'oceano tra il guizzare
dei periscopi. Quando mi immergo nella luna
calcolo il bisogno di monitorare
le stelle alla profondità della crosta, l'intensità
delle comunicazioni interrotte dalle telecamere
al di sopra della patina di superficie.
Custodire una menzogna in un libro è semplice
come mandare all'aria la legge sul segreto di Stato
davanti ad una pizza con gli amici. Ogni verità
ha il suo peso nel silenzio.

Soul, Plexus
Aaron Kent

There is a hole the size of a mechanic
in the side of the moon tonight,
and I both pity and love the engineer
who has so little sense as to
permit the snow to fall on its daft surface.
Every origami raindrop is an additional
shareholder for a much larger problem,
another story for a pint and a bag
of crisps split down the seam.
The timing chain has slipped, the cycle
is somehow ajar, and we are counting
Tarot cards instead of days until
the gentle death of everybody we know.

Anima, Plesso

Traduzione di Morgan Della Guardia

C'è un buco della misura di un meccanico
sulla faccia della luna stasera,
ed io compatisco ed amo l'ingegnere
che ha così poco senso da
permettere alla neve di cadere sulla sua sciocca superficie.
Ogni goccia di pioggia di origami è un
azionista in più per un problema molto più grande,
un'altra storia per una pinta e un sacchetto
di patatine strappato in due.
La catena del tempo è scivolata, il ciclo
è in qualche modo socchiuso, e stiamo contando i
Tarocchi al posto dei giorni che mancano
alla dolce morte di tutti quelli che conosciamo.

Staying with People

Bernard Pearson

It was nothing O'clock,
The rain fell up the window pane
 Outside an old and aromatic kitchen
The only noise, the slumping of dogs,
 In creaking baskets.

 This was a house
Where Sunday
Dragged its feet,
As if going to school.

Only the bereaved
Were aware of the time.
Here the world might
Come to an end
And no one
Would even notice.

Stare con le persone

Traduzione di Morgan Della Guardia

Non era niente in punto,
La pioggia cadeva sul vetro della finestra
 All'esterno una cucina vecchia e aromatica
L'unico rumore, l'afflosciarsi dei cani,
 In ceste scricchiolanti.

 Questa era una casa
Dove la domenica
Trascinava i propri piedi,
Come se andasse a scuola.

Solo chi era in lutto
Era consapevole dell'ora.
Qui il mondo potrebbe
Finire
E nessuno
Se ne accorgerebbe nemmeno.

Bangor on Dee Churchyard

Bernard Pearson

Between the river
And the remains
I watch as my wife and son
Do the grave chores,
Remove the recidivist,
weeds pressing their suit
Around the marble,
Of my 'much loved mother's'
headstone.

I weave about at first
As if in a minefield
Not knowing where to put my feet
But then I am aware of a crop
Of ancestors in their great, stone cots
 attuned for ever to the sacred loam.
Before arriving besides
that slug of river
they call The Dee.
The sandstone church sucks
To her bosom what light there is
While on the tower,
a cuckolding clock stands guard
In case reality returns.
and I, I watch the circus act, salmon
rise from the water and the damsel fly
dance in and out of the damson leaves,
torturing me with their little ways.

Cimitero di Bangor on Dee

Traduzione di Morgan Della Guardia

Tra il fiume
E i resti
Guardo come mia moglie e mio figlio
Riordinano la tomba,
Rimuovono il recidivo,
le erbacce premono il suo vestito
Intorno al marmo
Della lapide della mia
'amatissima madre'.

All'inizio mi muovo a tentoni
Come in un campo minato
Non sapendo dove mettere i piedi
Ma poi mi accorgo di un raccolto
di antenati nelle loro grandi culle di pietra
 in sintonia con il sacro terriccio per l'eternità.
Prima di arrivare oltre
quella lumaca di fiume
che chiamano Dee.
La chiesa di arenaria risucchia
Al suo seno la luce che c'è
Mentre sulla torre
un orologio infedele fa la guardia
In caso la realtà ritorni.
e io, io guardo il numero del circo, il salmone
sorgere dall'acqua e la damigella volare
danzare dentro e fuori le foglie di prugna,
torturandomi con i loro piccoli modi.

Epiphany

David Alun Williams

In Bethlehem all was quiet,
no celebration of birth
no tree or lights
not a soul in sight.
In the square
there is but a manger
set in rubble
and has a crown of wire.
A far cry, from worship
as if in a dream
to where we should
celebrate the birth of our King.

Epifania

Traduzione di Morgan Della Guardia

A Betlemme tutto era quiete,
nessuna celebrazione della nascita
né un albero o luci
né un'anima in vista.
Nella piazza
una mangiatoia
tra le macerie
e ha una corona di filo di ferro.
Ben lontano dall'adorazione,
come in un sogno,
e da dove dovremmo
celebrare la nascita del nostro Re.

Ode to a Magnolia Tree
magnolia denudata

Neil Rollinson

Impatient
as always,
you blossom
in the cold
March air,
even before
your leaves
have set:
impetuous
hostage
to late frosts,
the unfinished
business of winter –
but what
do you care,
you want
to cut free,
feel the sun
on your face,
to flaunt
your big
creamy flowers,
so exotic
in this dull
suburban garden.
I see you
in Rio,
on the banks
of the Mississippi,
or holding court
in a Japanese garden.
You glow
in the dusk,

Ode a una Magnolia
magnolia denudata

Traduzione di Elisa D'Ambrosio

Impaziente
come sempre,
fiorisci
nella fredda
aria di marzo,
ancor prima
che le tue foglie
siano spuntate:
impetuoso
ostaggio
di gelate tardive,
faccenda in sospeso
dell'inverno –
ma a te
cosa importa,
tu vuoi
liberarti,
sentire il sole
sul tuo viso,
ostentare
i tuoi grandi
fiori color crema,
così esotici
in questo spento
giardino di periferia.
Ti vedo
a Rio,
sulle sponde
del Mississippi,
o ad attirare l'attenzione
in un giardino giapponese.
Splendi
al tramonto,

your petals
like lanterns,
lighting
the garden wall,
eccentric, ornate
as an art nouveau
chandelier.
The daffodils
are hesitant,
the crocuses
reluctant to stir.
Only the snowdrops
have come,
and gone,
the ground
hard
as a tin lid.
But look at you:
shivering in the cold,
half dressed
for a party
that never happened,
standing alone,
unchaperoned
on the cold lawn.
You're not
of this world
really,
so delicate;
stunning
for a week,
and then
the hailstones
ruin you,
the gales,
the sudden
downpours.

i tuoi petali
come lanterne,
illuminano
il muro del giardino,
eccentrico, decorato
come un lampadario
art nouveau.
I narcisi
sono esitanti,
i crocus
restii a muoversi.
Solo i bucaneve
sono arrivati,
e andati via,
il suolo
duro
come un tappo di latta.
Ma guardati:
mentre tremi nel freddo,
semi-vestita
per una festa
che non c'è mai stata,
te ne stai lì,
non accompagnata
sul prato freddo.
Davvero
non sei
di questo mondo,
così delicata;
splendida
per una settimana,
e poi
la grandine
ti rovina,
la burrasca,
il temporale
improvviso.

98 The pavements
    are strewn
    with flotillas
    of little ivory
    rowing boats
    as if some
    ocean liner
    had just
    gone down
    with all hands
    lost.

Le strade
sono cosparse
di flottiglie
di piccole barche a remi
color avorio
come se
un transatlantico
fosse appena
affondato
senza
sopravvissuti.

The National Razor

Neil Rollinson

They cut the collar off my shirt,
tied my arms to my sides,
and laid me on the bascule.
When they closed the lunette
around my neck, I shut my eyes.
I could hear a mumbled prayer
somewhere behind me, and then
they released the mouton.
It rattled in the runners,
I could hear the air sing
on the lip of the blade.

It fell so slowly,
I thought of all I had loved.
I said goodbye to the earth,
to the past and future;
and the innocent wood
groaned as it shook.

It lopped off my head
like a coconut.
I felt like a child
falling backwards
over a fence.
When the world stopped
spinning, I opened my eyes
and saw the sky
enclosed in the wide O
of the wicker basket.

A man looked in,
like a giant peering down
a rabbit hole.
I smiled. He frowned,

Il Rasoio Nazionale

Traduzione di Elisa D'Ambrosio

Mi hanno tagliato il colletto della camicia,
legato le mie braccia ai lati,
e poggiato sulla bascule.
Quando hanno chiuso la lunette
intorno al mio collo, ho chiuso gli occhi.
Sentivo il mormorio di una preghiera
da qualche parte alle mie spalle, e poi
hanno lasciato cadere il mouton.
Ha sferragliato nelle guide,
sentivo l'aria fischiare
sulle labbra della lama.

È caduta così lentamente,
ho pensato a tutto ciò che ho amato.
Ho detto addio alla terra,
al passato e al futuro;
e il legno innocente
cigolava vibrando.

Mi ha mozzato la testa
come una noce di cocco.
Mi sentivo come un bambino
che cade all'indietro
da una staccionata.
Quando il mondo ha smesso
di girare, ho aperto gli occhi
e ho visto il cielo
racchiuso nella larga O
della cesta di vimini.

Un uomo ci ha guardato dentro,
come un gigante che sbircia
nella tana di un coniglio.
Ho sorriso. Lui si è accigliato,

102   and I felt the blood
        run down my chin.
        He reached inside,
        a look of fear in his eyes,
        ran his fingers through my hair
        then lifted me into the light,
        like a new born baby.

        The crowd were in raptures,
        the tricoteuses cursing me
        from behind their knitting needles.
        I wanted to laugh,
        but all I could do was stare.
        Beyond the city, the hills
        glowed in the morning sun,
        I couldn't take my eyes off them,
        and then he dropped me
        back in the basket.

e ho sentito il sangue
scorrermi lungo il mento.
Ha allungato il braccio,
la paura nei suoi occhi,
ha passato le dita tra i miei capelli
e poi mi ha sollevato nella luce,
come un bambino appena nato.

La folla era in delirio,
le tricoteuses mi maledicevano
dietro i loro ferri da maglia.
Volevo ridere,
ma riuscivo solo a tenere lo sguardo fisso.
Oltre la città, le colline
risplendevano del sole mattutino,
non riuscivo a distogliere lo sguardo,
e poi mi ha lasciato cadere
di nuovo nella cesta.

The Very Small Baseline Group Convenes at the Cat and Fiddle

Neil Rollinson

A groaning table of empties makes up
our Very Small Array; a barley-scented
interferometer. Here we can study the cosmos
and drink. We tune in to the microwave sky:
to the froth at the edge of the universe.
We sup in the dusk, everything glows
with its own light, the hedgerows, lawn,
the mass of atoms spinning inside the glass
where the Milky Way sings in a half inch of Guinness;
a song of the distant past when the world
was a moment old. We gather it all in our mugs,
in a pub garden on the edge of the moors
looking down on Jodrell Bank – grand-daddy
of the red-light district, cocking its huge lug
to the whiplash of cosmic strings, to the mayhem
beyond our patch. The bats are in on it,
hunting in ultrasound, catching moths in their fangs,
while frogs bark in the meadows, one to the other,
a vast unfathomable love-song. I finish my pint
and add my glass to the phalanx: the more we drink
the clearer we see, as any old soak will tell you.
I tip back my head to look at the Pleiades
and tumble, arse over tit, into the damp grass.
I lie in my cups under the bling of the northern sky.
I can hear it call, I can see it clearly now,
it's all and nothing, the whole sky blazing.

Il *Very Small Baseline Group* si Riunisce al *Cat and Fiddle*

Traduzione di Letizia Cioffi

Un dolente tavolo di vuoti costituisce
il nostro Very Small Array; un interferometro
all'aroma di orzo. Qui possiamo studiare il cosmo
e bere. Ci sintonizziamo con la radiazione cosmica:
con la schiuma ai confini dell'universo.
Ceniamo nella penombra, tutto risplende
di luce propria, le siepi, il giardino
la massa di atomi ruota nel bicchiere
e in mezzo centimetro di Guinness canta la Via Lattea;
una canzone di un passato distante in cui il mondo
era appena nato. Mettiamo tutto nelle nostre tazze,
nel giardino di un pub al confine delle brughiere
che guarda giù verso Jodrell Bank – nonnetto
del quartiere a luci rosse che drizza il suo gran capocorda
verso la frustata di stringhe cosmiche, verso il caos
oltre le nostre zone. I pipistrelli ci danno dentro,
a caccia con gli ultrasuoni, afferrano falene con le zanne,
mentre le rane abbaiano nei prati, l'una con l'altra,
un'insondabile canzone d'amore. Finisco il boccale
e lo aggiungo alla falange; più beviamo
e più ci vediamo chiaro, come direbbe ogni vecchio ubriacone.
Sollevo il capo verso l'alto per guardare le Pleiadi
e faccio un capitombolo, cado, sul prato umido.
Giaccio tra i bicchieri sotto il luccichio del cielo del nord.
Riesco a sentirne il richiamo, ora riesco a vederlo chiaramente,
è tutto e niente, l'intero cielo arde.

Dream

Hugh Mcmillan

A wide expanse of grass,
a stream meandering between
tiny trees. It is Versailles
below a pearl white sky.

I know this because we are
dressed in paper ribbons
of the most flamboyant kind,
yellow, red, aquamarine.

We waft in a breeze laced
with hyacinth and jasmine.
How posh we must be
to pirouette here half asleep

like Kings and Queens. Here
you are, so I know the gardens
are given over to poets between
three and four in the morning.

Good day! Good night!
See how the brain gathers us all
and shakes us out
on random chessboard lawns.

Sogno

Traduzione di Letizia Cioffi

Un vasto prato,
un ruscello serpeggia tra
piccoli alberi. È Versailles
sotto un cielo perlaceo.

Lo so perché siamo
abbigliati dei più appariscenti
nastri di carta,
gialli, rossi, acquamarina.

Fluttuiamo nella brezza infusa
di giacinto e gelsomino.
Quanto dobbiamo essere posh
mentre piroettiamo qui assopiti

come Re e Regine. Eccoti
qui, così so che i giardini
sono distribuiti ai poeti tra
le tre e le quattro del mattino.

Buona giornata! Buona notte!
Guarda come il cervello ci raduna
e ci sparpaglia
su casuali prati a scacchi.

From Here to the Sea

Hugh Mcmillan

I have flushed out animals today:
a young deer bolting across
wet grass near Kilmaurs
and a hawk at Garelochhead
arrowing between trees.

Maybe it was the train did it,
but I think it was me nosing north
like the hawk on a wing and a prayer,
like the deer on a body swerve.
Sunlight is strung through cloud

and ahead the weather is bending
like a bar round mountains.
This is as ever a journey
from the central belt of my life
to the high hills of my imagination,

hard to describe:
sometimes I run beside the train,
sometimes the dead live,
their conversation
frozen in the silver air.

The country is alive too-
the rocks breathe and even
the rain is saying something
dripping in a romance language
down wet windows.

Oh a heron! Sheet music
beating from here to the sea.

Di Qui al Mare

Traduzione di Letizia Cioffi

Oggi ho stanato animali:
un cerbiatto che sfrecciava
nell'erba bagnata vicino Kilmaurs
e un falco a Garelochhead
che saettava tra un albero e l'altro.

Forse è stato il treno,
o forse ero io che mi dirigevo verso nord
con un filo di speranza come il falco,
sgattaiolando come il cervo.
La luce del sole filtra attraverso le nuvole

e dinanzi il clima si curva
come una sbarra attorno alle montagne.
È come sempre un viaggio
dalla cintura centrale della mia esistenza
verso le alte colline della mia immaginazione,

difficile da descrivere:
delle volte corro insieme al treno,
delle volte i morti vivono,
le loro conversazioni
cristallizzate nell'aria d'argento.

La campagna è viva-
le rocce respirano e anche
la pioggia dice qualcosa
in una lingua romanza
gocciolando sulle finestre.

Oh un airone! Spartiti musicali
che battono di qui fino al mare.

Glayva

Hugh Mcmillan

I am drinking a Glayva
in search of my mother
who drank occasionally,
not like a highlander at all,

that or port and lemon.
They are elusive her lot,
photo shy, not even buried
where they're meant to be,

the odd picture of a cottage,
collie dog, honeysuckle.
It's like they were planning
all along to go to earth.

After their tidy – or untidy,
who can tell – lives as
fishermen, postmistresses,
ladies maids, and labourers,

they melted into the warm
landscape like rain into soil.
And only a taste, a douce
spirit is left on the tongue.

Glayva

Traduzione di Maria Grazia Caputo

Sto bevendo un Glayva
cercando mia madre
che qualche volta ha bevuto,
non come uno delle Highland,

quello o il porto e limone.
Difficili da ritrovare,
nessuna foto, nemmeno sepolti
dove dovrebbero essere,

lo strano dipinto di un cottage,
un collie, un caprifoglio.
Come se stessero pianificando
da sempre di sparire.

Dopo le loro vite in ordine – o in disordine,
chi può dirlo – di
pescatori, postine,
domestiche, e lavoratori,

sciolti nel caldo
paesaggio come pioggia nel terreno.
E solo un assaggio, uno spirito
quieto lasciato sulla lingua.

Hymn to Distracted Minds

Ceinwen Haydon

Let's celebrate the mind that wanders endlessly
around notions that flit beyond focus

Let's celebrate the mind that splinters into shards
like smashed Waterford crystal glass, sharp and icy cold

Let's celebrate the mind that refuses to rest, that cannot
be still at 3am under a waning gibbous moon

Let's celebrate the mind that probes behaviours
or meanings, that will not bide *no entry* signs

Let's celebrate the mind that's boldly tipsy
when wine is taken to swim through currents of fear

Let's celebrate the mind that's sober and hacks
through bullshit like a wielded machete

Let's celebrate the mind that hunts for inconsistent lies,
calls them out, then offers solace, extends mercy

Let's celebrate the nimble mind that treads that other path,
the one so rarely taken, risking all for life's unknowns

Lode alle Menti Distratte

Traduzione di Maria Grazia Caputo

Celebriamo la mente che vaga senza sosta
intorno a concetti che svolazzano oltre il centro

Celebriamo la mente che si divide in frammenti
come cristalli di vetro Waterford distrutti, gelidi e affilati

Celebriamo la mente che non vuole riposo, che non può
restare immobile alle 3 di notte ai piedi di una mezza luna calante

Celebriamo la mente che indaga abitudini
o significati, che ignorerà i cartelli *vietato l'ingresso*

Celebriamo la mente che è ubriaca con audacia
beviamo il vino per nuotare attraverso correnti di paura

Celebriamo la mente che è sobria e fa a pezzi
le cazzate come un machete impugnato

Celebriamo la mente a caccia di bugie incoerenti,
le invoca, poi rivolge conforto, offrendo la pietà

Celebriamo la mente agile che calpesta l'altra strada,
quella che nessuno prende, rischiando tutto per le incognite della vita

Dawn Chorus
Ceinwan Haydon

Daybreak twitterings frill the clear morning air,
lace early sunrise with shimmering stirrings
of new life. I loathe the hope penetrating
my open window. My raw widowhood
presses on my heavy, headached brow.
Each bird's call to its mate insults
my pain. I am sucked back under
to restless sleep, coiled dreams:

You're there again, by my side,
smiles warmer than they were
before you died. A redbreast
perches archly on your arm;
open-beaked it sings ~ ~ ~

                              its notes chart the rash, rich arc
                                              of being alive.

Listening, my scarlet hurt dissipates,
then blends and softens into acceptance.

Awake, alert, once more at seven,
the calmness remains, and when
a robin descends and lands
upon my window-sill
my ears and heart
flip open.

Il Coro dell'Alba

Traduzione di Maria Grazia Caputo

I cinguettii dell'alba ornano l'aria chiara del mattino,
ricoprono il primo sole con l'inizio luccicante
di una nuova vita. Disprezzo la speranza che penetra
la finestra aperta. La mia neo vedovanza
preme sul mio sopracciglio pesante, di emicrania.
Il richiamo di ogni uccello al compagno insulta
il mio dolore. Sono di nuovo risucchiata da
un sonno irrequieto, sogni attorcigliati:

Sei di nuovo lì, al mio fianco,
sorrisi più caldi di come erano
prima della tua morte. Un pettirosso
si posa divertito sul tuo braccio;
con il becco aperto canta ~ ~ ~

>   le sue note segnano l'impeto, energia intensa
>   di essere viva.

In ascolto, il mio dolore scarlatto svanisce,
poi si confonde e si addolcisce nella rassegnazione.

Sveglia, vigile, di nuovo alle sette,
la calma resta, e quando
un pettirosso scende e atterra
sul davanzale
le orecchie e il cuore
si ribaltano aperti.

In the Dunes of Holy Island

Ceinwan Haydon

Marram grass stings my legginged shins,
brings me back from churning cogitations
to this moment, this hour, this wind-swept day.
A seagull's skull, chalked, clean of flesh, lies
centred on my sand-grit path. My eyes water;
bright winter-sunlight glances off metaled waves
as breakers crash on wide, unruly shores. Pebbles
dragged in noisy undertow mute my remaining
ruminations of a world gone catastrophically wrong:

climate crisis, poisoned earth, poverty, war
and relentless lists of so much more.

Down on the beach, my boots let in frigid brine;
the cold shock startles my 'now' to prayer –
me an unbeliever. Sunset sinks beneath
the skyline's shadowed smudge and I remember
life has always been precarious. *O Kali*,
goddess, destroyer and creator I must learn
within your force to travel on, and so to trust.

Nelle Dune dell'Isola Sacra

Traduzione di Maria Grazia Caputo

L'ammofila mi punge gli stinchi,
mi porta indietro dal mio pensare vorticoso
a questo momento, quest'ora, questo giorno spazzato dal vento.
Un teschio di gabbiano, come gesso, ripulito dalla carne, è sdraiato
al centro del mio sentiero sabbioso. Mi lacrimano gli occhi;
luce del sole invernale riflessa da onde metalliche
come cavalloni che si schiantano su coste ampie, ribelli. Ciottoli
trascinati in una risacca rumorosa attenuano le mie riflessioni
residue di un mondo disastrosamente sbagliato:

crisi climatiche, terra avvelenata, povertà, guerra
e liste interminabili di molte altre cose.

Giù alla spiaggia, i miei stivali lasciati nella melma ghiacciata;
il colpo di freddo allarma la mia 'ora' di preghiera –
io una miscredente. Il tramonto sprofonda al di sotto
della macchia ombreggiata dell'orizzonte e ricordo
che la vita è sempre stata fragile. *O Kali,*
dea, che crei e distruggi devo imparare
a viaggiare dentro la tua forza, e affidarmi ad essa.

Leelanau

Taylor Strickland

i.m. John Martin

Cherryless orchards uncoil to winter.
Shanties rank with whitefish, the river's
creaky docks. He knew every trap-net tug
by their wakes, long, dwindling epilogues
written across the lake. He would smile,
Ohio State-red dimples below calm
esquire's eyes, watching through the window
their leeward work. His error and wound:
Leelanau was 'delight of life'… He half-
laughed knowing how often lake turns to lack
and takes after the sky after the sky
turns grey, after the Great Lake freighters ply
January, whose second, greater blank
outgrew the pane in which he saw himself.

Leelanau

Traduzione di Antonella Denise Cambareri

in ricordo di John Martin

Frutteti senza ciliegie si distendono verso l'inverno.
Baracche appestate dai coregoni, i moli del fiume
scricchiolanti. Conosceva tutti i rimorchiatori di reti
dalle loro scie, lunghi epiloghi in declino
scritti lungo il lago. Sorrideva,
fossette rosse dell'Ohio sotto gli occhi tranquilli
da avvocato, osservando dalla finestra
il loro lavoro sottovento. Il suo errore e ferita:
Leelanau era "delizia della vita"... Abbozzò
un sorriso sapendo quanto spesso il lago diventa lacuna
e richiama il cielo dopo che il cielo
diventa grigio, dopo che i mercantili solcano il Grande Lago
Gennaio, il cui secondo, più grande vuoto
superò la vetrata in cui vide sé stesso.

Ùrlar

Taylor Strickland

after Alasdair Mac Mhaighstir Alasdair

Pity not being in the wood.
When Morag was there
we joined those sunny bonny
brown-haired girls
for a laugh, guessing the cutest of us,
a coin toss to know.
Yet we outshined them all,
immortalized among wild rose —
on our stomachs, lying to each other,
lying to ourselves.
Our playfight became our foreplay.
Our sun cups delicately
picked from split rock. We took off
like deer over the deer-moor,
deep into headlands.
We got lost. We got so lost.

Ùrlar

Traduzione di Antonella Denise Cambareri

in onore di Alasdair Mac Mhaighstir Alasdair

Peccato non essere nel bosco.
Quando Morag era lì
ci unimmo a quelle radiose ragazze graziose
dai capelli castani
per divertimento, indovinando chi fosse più attraente,
un lancio di moneta per scoprirlo.
Eppure le superavamo tutte,
immortalate tra le rose selvatiche—
a pancia in giù, mentendoci a vicenda,
mentendo a noi stessi.
La nostra lotta è diventata un preliminare.
La nostra neve delicatamente
raccolta dalla roccia spaccata. Siamo fuggiti
come cervi nella brughiera dei cervi,
in profondità dei promontori.
Ci siamo persi. Ci siamo proprio persi.

Nine Whales, Tiree

Taylor Strickland

Walking, walking through morning thaw,
the melon-light dripping from each rock
like meltwater, and he wonders how

night will ever fall again over Tiree
surprised by the ruins that come with day:
bonehouses huge, haunted, creak,

shaped to the bends and the bight of bay,
Though hollowed they refill with light.
Though brilliant they are abandoned.

Nove balene, Tiree

Traduzione di Antonella Denise Cambareri

Camminando, camminando nel disgelo mattutino,
la luce color melone che gocciola da ogni roccia
come neve sciolta, e si domanda come

la notte calerà mai di nuovo su Tiree
sorpreso dalle rovine che arrivano con il giorno:
carcasse enormi, infestate, sibilanti,

modellate sulle curve e sull'ansa della baia.
Sebbene incavate, si riempiono di luce.
Sebbene splendide, sono abbandonate.

A Day in Aberaeron

Karen Gemma Brewer

My friend keeps short nosed elephants
and takes them out for walks
held to heel on leads of cerebral bleeds
and occasional treats of chalk
They stroll along the promenade
whenever the tide pulls in
cursing the monks who bred out their trunks
as they'd love to wade in for a swim
They settle for removing their shoes and socks
and wiggling their toes in the stones
though it gives them a rash like pebble dash
it oils the slide of their life trombones
They never lay out for a suntan
thick skin remains saggy and grey
dressed in wide brimmed hats, sunshades and cravats
in a look that seems far-far away
I can never quite tell what they're thinking
though their manners are always tip-top
I've somehow suspected they're a mite disconnected
and if ever they start would it stop
With their paddles and wiggles completed
my friend snaps them back on their leads
and pushing a trolley with their poo-bags and brollies
heads in search of a nice place to eat
We're endowed here in colourful Aberaeron
with premises elephant-friendly
they pick the one with wide chairs even though it's upstairs
order Te Cymraeg with a bamboo cream sundae
After tea and a snooze by the harbour
they watch the sun set in Cardigan Bay
then with minimal fuss catch the last T5 bus
and reminisce on their Aberaeron day

Una giornata ad Aberaeron

Traduzione di Antonella Denise Cambareri

Un mio amico alleva elefanti dal naso corto
e li porta a spasso spesso
tenendo stretti gli animali con emorragie cerebrali
e occasionali biscottini di gesso
Passeggiano sul lungomare
ogni volta che la marea si inizia ad alzare
e maledicono i frati creatori dei nasi accorciati
quando vorrebbero guadare in acqua per nuotare.
Si accontentano di togliersi scarpe e calzini
e muovere tra i sassolini le dita
anche se gli provoca un'irritazione a lampone
oliano le coulisse dei tromboni della vita
Non si stendono mai ad abbronzarsi
la pelle spessa rimane grigia e cadente
portando l'ombrello, il foulard e un largo cappello,
con uno sguardo che pare assente
Non riesco mai a capire a cosa stiano pensando
sulle loro maniere nessuno darebbe giudizio
e sospetto abbastanza che ci sia una certa distanza
e chissà se si fermerebbero se mai ci fosse un inizio
Una volta finito di remare e ondulare
il mio amico li rimette subito a legare
e spingendo il carrello con sacchetti e ombrelletti
va alla ricerca di un bel posto dove mangiare
Abbiamo qui nella colorata Aberaeron
per gli elefanti dei locali perfetti
scelgono quello con le poltrone anche se è difficile arrivare al salone
ordinano Tè Cymraeg con bambù sui sorbetti
Dopo il tè e un sonnellino in riva al porto
guardano il tramonto sulla baia di Cardigan
e con un po' di confusione prendono il T5 in stazione
e ricordano la giornata ad Aberaeron sul pullman

Spirit of Life

Karen Gemma Brewer

Ceredigion – grassland, rhos and mountain
Ceredigion – bordered by Teifi and sea
Ceredigion – farming and poetry
Ceredigion – home to the spirit of life

plough the field, spread the lime
sow the seed, return manure
mow the hay, reap the crop
fill the barn, complete the circle
praise the rain, worship the sun
be one with this land

milk the cow, lamb the ewe
collect the eggs, feed the pigs
hang the gate, mend the fence
plant the tree, lay the hedge
train the horse, ride the hill
be one with this land

spot the birds, tickle the trout
see the otter, wink to the fox
pick the mushroom, taste the herbs
crush the apple, enjoy the flowers
count the stars, wave to the moon
be one with this land

Spirito della vita

Traduzione di Elisa D'Ambrosio

Ceredigion – pascoli, rhos e montagne
Ceredigion – delimitato dal Teifi e il mare
Ceredigion – agricoltura e poesia
Ceredigion – dimora dello spirito della vita

ara il campo, spargi la calce
getta i semi, stendi il concime
falcia il fieno, prendi il raccolto
riempi il fienile, completa il cerchio
loda la pioggia, venera il sole
sii uno con questa terra

mungi la mucca, fai nascere l'agnello
raccogli le uova, nutri i maiali
fissa il cancello, riallaccia i ponti
pianta l'albero, posa la siepe
addestra il cavallo, cavalca sulla collina
sii uno con questa terra

osserva gli uccelli, solletica la trota
guarda la lontra, ammicca alla volpe
cogli il fungo, assaggia le erbe
spremi la mela, goditi i fiori
conta le stelle, saluta la luna
sii uno con questa terra

Minimalism
Cia Rinne

here it comes:
MINIMALISM
there it went.

Minimalismo
Traduzione di Antonella Denise Cambareri

eccolo qua:
MINIMALISMO
ecco che va.

Alice Brooker is an English Literature undergraduate at the University of Oxford. Her poetry has been published with Artemesia Arts and Last Stanza Poetry Journal. In 2023 she was short-listed for the Geoff Stevens Memorial Poetry Prize and won the Wildfire Words' New Voices First Pamphlet Award.

Mick Corrigan is an Irish poet and painter working between Ireland and the island of Crete. He has published two collections, *Deep Fried Unicorn* (Rebel Poetry Ireland, 2014) and *The Love Poetry of Judas Iscariot* (Dionysia Press UK, 2022). He likes to do wild, reckless and irresponsible things with his hair.

Gareth Writer Davies is an award-winning poet whose publications include *Bodies* (2015), *Cry Baby* (2017), *The Lover's Pinch* (2018), *The End* (2019), and *Wysg* (2022).

Johanna Domokos is a multilingual author of more than a dozen poetry books, currently living in Germany. In her poetry, performance-texts, literary essays and translations she uses her mother tongue of Hungarian, along with German, English, Finnish, Sami, Turkish and Romanian.

The poetry of **John Eliot** is published in four collections and six bilingual anthologies in the 'Chapbooks by Mosaïque Press' series – which was inspired by his work – and in translation. John is now poetry editor for Mosaïque Press and works with Italian and Romanian universities on translation anthologies.

Rhian Elizabeth was born in the Rhondda Valley, South Wales, and now lives in Cardiff. She is a Hay Festival Writer at Work and Writer in Residence at the Coracle International Literary Festival in Tranås, Sweden. Her latest collection of poetry, *girls etc*, will be published be Broken Sleep Books in 2024.

Katie Gramich has recently returned to her roots in Ceredigion, West Wales, where she focuses on writing poetry and fiction/creative non-fiction. She has published a range of literary criticism and

I poeti

Alice Brooker è una laureanda in Letteratura inglese all'Università di Oxford. Le sue poesie sono state pubblicate da Artemesia Arts e Last Stanza Poetry Journal. Nel 2023 è stata finalista al Geoff Stevens Memorial Poetry Prize e ha vinto il Wildfire Words New Voices First Pamphlet Award.

Mick Corrigan è un poeta e pittore irlandese che lavora tra l'Irlanda e l'isola di Creta. Ha pubblicato due raccolte, *Deep Fried Unicorn* (Rebel Poetry Ireland, 2014) e *The Love Poetry of Judas Iscariot* (Dionysia Press UK, 2022). Gli piace fare cose folli, sconsiderate e irresponsabili con i suoi capelli.

Gareth Writer Davies è un poeta premiato, le cui pubblicazioni includono *Bodies* (2015), *Cry Baby* (2017), *The Lover's Pinch* (2018), *The End* (2019) e *Wysg* (2022).

Johanna Domokos è un'autrice multilingue con più di una dozzina di libri di poesia all'attivo e vive attualmente in Germania. Nelle sue poesie, nei testi-performance, nei saggi letterari e nelle traduzioni, utilizza la sua lingua madre, l'ungherese, insieme al tedesco, all'inglese, al finlandese e al sami.

Le poesie di **John Eliot** sono state pubblicate in quattro raccolte e in sei antologie bilingui nella collana "Chapbooks by Mosaïque Press" – ispirata dal suo lavoro – e in traduzione. John è ora editor di poesia per Mosaïque Press e collabora con università italiane e rumene per la realizzazione di antologie di traduzioni.

Rhian Elizabeth è nata nella Rhondda Valley, nel Galles meridionale, e ora vive a Cardiff. È una Writer at Work all'Hay Festival e scrittrice residente al Coracle International Literary Festival di Tranås, Svezia. La sua ultima raccolta di poesie, *girls etc.*, sarà pubblicata da Broken Sleep Books nel 2024.

Katie Gramich è di recente tornata alle sue radici a Ceredigion, nel Galles occidentale, dove si dedica alla scrittura di poesie e di narrativa fiction e non fiction. Ha pubblicato una serie di critiche

translations, including *Twentieth Century Women's Writing in Wales: Land, Gender, Belonging* (University of Wales Press, 2007).

Ceinwen E Cariad Haydon lives in Newcastle upon Tyne, UK, and writes short stories and poetry. She has been widely published in web magazines and in print anthologies. She is a participatory arts facilitator (creative writing/language) and believes everyone's voice counts.

Yasmin Inkersole is a British-Turkish poet from Oxfordshire, with an MA in Creative Writing. She writes about Turkish culture, heritage and migration among other topics. Yasmin's debut pamphlet, *Selene*, won the Hedgehog Press First Pamphlet Competition and will be published in 2024.

Aaron Kent is a working-class writer, stroke survivor, and insomniac from Cornwall. His poetry has been broadcast, published in various journals, translated into languages including French, Hungarian, German, Cymraeg, and Kernewek, and set to music. His second collection, *The Working Classic*, is published by the87press.

Sheila Schofield Large is an award-winning poet and lifelong pacifist. She is the author of two poetry chapbooks, is co-founder and president of Artemesia Arts. Prizes include the York Poetry Prize, the Poetry Society Stanza competition and Poetry News.

Hugh McMillan is a poet from south-west Scotland. He has been published and anthologised widely. *Diverted to Split*, his 12th collection, will be published by Luath Press in 2024.

The work of **Bernard Pearson** has appeared in more than 100 publications worldwide, a selection of his poetry, *In Free Fall*, was published by Leaf by Leaf Press in 2019. Bernard is also a prize-winning short story writer, a biographer and novelist.

Cia Rinne grew up in Germany, studied philosophy, history and languages in Frankfurt, Athens and Helsinki. She graduated with a Master of Arts degree in Philosophy. In her artistic work, she is primarily concerned with visual and conceptual poetry, but also with sounds, performance, and installations.

letterarie e traduzioni, tra cui *Twentieth Century Women's Writing in Wales: Land, Gender, Belonging* (University of Wales Press, 2007).

Ceinwen E. Cariad Haydon vive a Newcastle upon Tyne, nel Regno Unito, e scrive racconti e poesie. È stata ampiamente pubblicata su riviste web e in antologie stampate. È una facilitatrice di arti partecipative (scrittura creativa/linguaggio) e sostiene l'importanza della voce di ogni individuo.

Yasmin Inkersole è una poetessa turco-britannica originaria dell'Oxfordshire, con un master in scrittura creativa. Si occupa, tra gli altri argomenti, di cultura turca, retaggio culturale e migrazione. Il suo pamphlet d'esordio, *Selene*, ha vinto il concorso Hedgehog Press First Pamphlet Competition e sarà pubblicato nel 2024.

Aaron Kent è uno scrittore appartenente alla classe operaia, sopravvissuto ad un inctus, insonne, originario della Cornovaglia. Le sue poesie sono state diffuse e pubblicate in varie riviste, tradotte in diverse lingue, tra cui francese, ungherese, tedesco, cymraeg e kernewek, e messe in musica. La sua seconda raccolta, *The Working Classic*, è pubblicata da the87press.

Sheila Schofield Large è una poetessa premiata e pacifista da sempre. È autrice di due libri di poesia, cofondatrice e presidente di Artemesia Arts. Tra i premi ricevuti figurano lo York Poetry Prize, il Poetry Society Stanza Competition e Poetry News.

Hugh McMillan è un poeta originario della Scozia sud-occidentale. È autore di numerose pubblicazioni e antologie. *Diverted to Split*, la sua dodicesima raccolta, sarà pubblicata da Luath Press nel 2024.

Le opere di **Bernard Pearson** sono state pubblicate più di 100 volte in tutto il mondo. Una selezione delle sue poesie, *In Free Fall*, è stata pubblicata da Leaf by Leaf Press nel 2019. Bernard è anche uno scrittore premiato di racconti, biografo e romanziere.

Cia Rinne è cresciuta in Germania e ha studiato filosofia, storia e lingue a Francoforte, Atene e Helsinki. Ha conseguito un Master of Arts in Filosofia. Nella sua attività artistica si occupa principalmente di poesia visiva e concettuale, ma anche di suoni, performance e installazioni.

134 **Neil Rollinson** is a British poet. He has published four collections of poetry, all Poetry Book Society Recommendations (Jonathan Cape UK) and several pamphlets. He was writer in residence at Wordsworth's Dove Cottage for two years and has since been teaching creative writing at Bath Spa University.

Kate Rose is a poet and short fiction writer living in rural France. Selected work has been published in periodicals; her chapbook *Reflections* was published by Mosaïque Press in 2022. Kate was the co-founder of the Charroux Literary festival from 2014-2020, and co-founder of Artemesia Arts.

Taylor Strickland is the author of *Dastram/Delirium*, winner of the 2023 Saltire Prize for Scottish Poetry Book of the Year, and a PBS Translation Choice. He has widely published in periodicals. He lives in Glasgow with his wife and daughter.

Neil Rollinson è un poeta britannico. Ha pubblicato quattro raccolte di poesie, tutte raccomandate dalla Poetry Book Society (Jonathan Cape UK), e diversi pamphlet. È stato scrittore in residenza al Dove Cottage di Wordsworth per due anni e da allora insegna scrittura creativa all'Università di Bath Spa.

Kate Rose è una poetessa e scrittrice di racconti che vive nella Francia rurale. Alcuni dei suoi lavori sono stati pubblicati in riviste periodiche; il suo chapbook *Reflections* è stato pubblicato da Mosaïque Press nel 2022. Kate è stata cofondatrice del festival letterario di Charroux dal 2014 al 2020, e cofondatrice di Artemesia Arts.

Taylor Strickland è l'autore di *Dastram/Delirium*, vincitore del Premio Saltire 2023 per il libro di poesia scozzese dell'anno e uno degli autori scelti per il PBS Translation Choice. Le sue opere sono state pubblicate in numerosi periodici. Vive a Glasgow con la moglie e la figlia.